廉政理论与实践丛书　黄先耀　郑德涛　主编
廉政理论与实践丛书·廉政研究学术系列　倪星　主编

新时期广东腐败问题研究
——多学科视角的分析

广东省纪检监察学会　主编

版权所有　翻印必究

图书在版编目（CIP）数据

新时期广东腐败问题研究：多学科视角的分析/广东省纪检监察学会主编．—广州：中山大学出版社，2016.10
（廉政理论与实践丛书/黄先耀，郑德涛主编．廉政研究学术系列）
ISBN 978-7-306-05634-4

Ⅰ.①新… Ⅱ.①广… Ⅲ.①廉政建设—研究—广东省 Ⅳ.①D630.9

中国版本图书馆 CIP 数据核字（2016）第 043977 号

出 版 人：	徐　劲
策划编辑：	嵇春霞
责任编辑：	嵇春霞
封面设计：	林绵华
责任校对：	王　琦
责任技编：	何雅涛
出版发行：	中山大学出版社
电　　话：	编辑部 020-84111996，84113349，84111997，84110779
	发行部 020-84111998，84111981，84111160
地　　址：	广州市新港西路135号
邮　　编：	510275　　传　真：020-84036565
网　　址：	http://www.zsup.com.cn　　E-mail:zdcbs@mail.sysu.edu.cn
印 刷 者：	虎彩印艺股份有限公司
规　　格：	787mm×960mm　1/16　12.5印张　231千字
版次印次：	2016年10月第1版　2017年11月第2次印刷
定　　价：	42.00元

如发现本书因印装质量影响阅读，请与出版社发行部联系调换

"廉政理论与实践丛书"编委会

主　　编　黄先耀　郑德涛
执行主编　王兴宁　喻世友
编　　委　(按姓氏拼音排序)
　　　　　陈伟东　公　婷　何少青　黄　力　黄先耀
　　　　　李成言　刘连生　马国泉　马　骏　倪　星
　　　　　任建明　王兴宁　肖　滨　杨　飞　喻世友
　　　　　曾凡瑞　郑德涛

"廉政研究学术系列"编委会

主　　编　倪　星
编　　委　(按姓氏拼音排序)
　　　　　陈国权　杜创国　杜治洲　公　婷　过　勇　何增科
　　　　　李成言　李胜兰　刘　恒　马国泉　马　骏　毛昭晖
　　　　　倪　星　肖　滨　张增田

前　言

开展党风廉政建设和反腐败斗争，是中国共产党治国理政和加强自身建设面临的重大历史课题。党的十八大以来，广东在深入推进党风廉政建设和反腐败斗争中，注重加强反腐倡廉理论研究，努力破解在反腐败斗争向前挺进的道路上遭遇的困境和难题，为深入推进党风廉政建设和反腐败斗争提供指引和支撑。2013年8月，中共广东省纪委委托中山大学廉政与治理研究中心，开展"广东新时期腐败原因、趋势与对策"课题研究，从政治学、经济学、社会学、文化学、心理学等视角，对广东腐败现象的特征、原因、规律、趋势与对策进行深入探索，形成本研究成果。中共广东省委常委、省纪委书记黄先耀同志高度重视本课题研究，亲自谋划部署、审改研究成果，并要求相关部门全力配合，修改完善，推动了课题研究的顺利开展。

本课题各部分相对独立、自成体系，又相互呼应、浑然一体。其中，政治学视角研究部分由中山大学政治与公共事务管理学院张紧跟教授牵头负责，经济学视角研究部分由该校岭南学院李胜兰教授牵头负责，社会学视角研究部分由该校社会学与人类学学院刘祖云教授牵头负责，文化学视角研究部分由该校哲学系吴重庆教授牵头负责，心理学视角研究部分由该校心理学系高定国教授牵头负责。本研究成果立足广东本土，关注重大现实问题，展现多学科视野，综合运用了文献研究、问卷调查、个案跟踪、访谈、数理统计和比较分析等研究方式，是反腐倡廉建设领域理论与实践相结合、纪检监察实务研究与大学学科建设相融合的一次尝试。值得一提的是，在省纪委理论研究部门和清远市、阳江市纪委及省司法厅、省监狱管理局的支持配合下，课题组查阅了近20年来广东省纪律检查委员会历次全会工作报告及近10年的办案数据,深入广东省清远监狱、阳江监狱、女子监狱,访谈了110名职务犯罪服刑人员,收集了285名职务犯罪人员的个案资料,完成了200份心理学问卷调查。

  本课题研究是一次初步尝试,在分析角度、观点提炼等方面还不够成熟,希望领导和同行多提批评意见。我们期待更多的专家学者投身于此,共同为反腐倡廉理论建设添砖加瓦。

广东省纪检监察学会
2016年10月

目 录
CONTENTS

第一编　政治学视角
  第一章　腐败的政治学研究综述 /3
    一、问题的提出 /3
    二、文献综述 /4
    三、研究方法 /14
  第二章　广东腐败现象分析 /16
    一、总体情况分析 /16
    二、广东腐败的区域性特点 /19
    三、腐败造成的现实危害 /20
  第三章　政治学视角下广东腐败产生的原因 /24
    一、地方政府主导型市场经济模式的潜在风险 /24
    二、权力运行的公开化程度不高 /25
    三、权力运行的监督制约不力 /26
  第四章　政治学视角下广东优化廉政建设的路径选择 /28
    一、广东廉政建设依然面临严峻挑战 /28
    二、优化广东廉政建设的路径选择 /29
  参考文献 /35

第二编　经济学视角
  第五章　腐败的经济学研究综述 /39
    一、寻租理论 /39
    二、经济人理论 /40
    三、成本—收益理论 /41
    四、腐败对经济发展的影响研究 /41

五、广东经济转轨与腐败治理的三大阶段划分 /44

第六章 腐败的基本经济学分析 /47
一、腐败成本分析 /47
二、腐败收益分析 /52
三、腐败决策的成本—收益分析 /53

第七章 广东增量改革阶段（1978—1992年）腐败的经济分析 /57
一、增量改革阶段的经济特征 /57
二、增量改革阶段的腐败特征 /60
三、增量改革阶段的腐败成因 /62
四、增量改革阶段广东反腐败的实践 /63
五、增量改革阶段广东反腐败的工作成效 /64

第八章 广东全面实施体制转轨阶段（1992—2002年）腐败的经济分析 /67
一、全面实施体制转轨阶段的经济特征 /67
二、全面实施体制转轨阶段的腐败特征 /68
三、全面实施体制转轨阶段的腐败成因 /70
四、全面实施体制转轨阶段广东反腐败的实践 /71
五、全面实施体制转轨阶段广东深化改革、源头治腐的探索 /72

第九章 广东改革攻坚阶段（2002年至今）腐败的经济分析 /73
一、改革攻坚阶段的经济特征 /73
二、改革攻坚阶段的腐败特征 /75
三、改革攻坚阶段的腐败成因 /76
四、改革攻坚阶段广东反腐败的实践 /77

第十章 腐败对广东经济增长影响的实证研究 /81
一、腐败对外商直接投资的影响 /81

二、腐败对政府支出结构的影响——以教育支出为例 /85
　　三、腐败对居民收入差距的影响 /88
第十一章　广东反腐败的趋势及腐败治理的经济学建议 /90
　　一、广东反腐败的趋势 /90
　　二、他山之石——国外腐败治理先进经验借鉴 /91
　　三、广东腐败治理的经济学建议 /93
参考文献 /96

第三编　社会学视角

第十二章　权力腐败的现状与社会学研究 /101
　　一、权力腐败的现状 /101
　　二、以往研究概要 /106
　　三、此项研究设计 /112
第十三章　权力腐败的社会成因探讨 /115
　　一、权力惯习与权力腐败 /115
　　二、社会生态与权力腐败 /121
第十四章　广东反腐败的社会学建议 /126
　　一、坚持"权为民所有" /126
　　二、坚持"权为民所用" /127
　　三、构建权力制约的"天罗"和"地网" /127
参考文献 /129

第四编　文化学视角

第十五章　腐败研究的文化学视角 /133

一、迈向腐败现象的文化解释 /133
　　二、有关文化与腐败关系的研究综述 /134

第十六章　新时期广东腐败现象的文化透视 /137
　　一、道德界限模糊与腐败现象 /137
　　二、人情关系异化与腐败现象 /141
　　三、"官本位"思想盛行与腐败现象 /143
　　四、官商圈子文化与腐败现象 /145
　　五、法治文化不彰与腐败现象 /146
　　六、转型时期价值失范与腐败现象 /147
　　七、社会风气败坏与腐败现象 /149

第十七章　文化视角下广东反腐败的实践探索 /151
　　一、建立长效机制，遏制"红包"文化泛滥的趋势 /151
　　二、推进廉洁城乡建设，营造健康向上的民情民俗 /151
　　三、加强法治建设，弘扬社会主义法治文化 /152
　　四、引导舆论宣传，营造廉荣贪耻的社会文化氛围 /152

第十八章　加强广东廉洁文化建设的建议 /154
　　一、加强制度文化建设，增强全体社会成员的规则意识 /154
　　二、坚持正确价值导向，营造风清气正的选人用人环境 /155
　　三、大力培育公民文化，强化社会公众的权责意识 /155
　　四、加强法治文化建设，增强全社会的法治自觉 /155
　　五、教育公职人员树立正确的价值观和财富观 /156
　　六、积极传播正能量，营造健康向上的社会文化氛围 /157

参考文献 /158

第五编 心理学视角

第十九章 腐败行为的相关心理学解释 /161
- 一、理性"经济人"的经典假设 /161
- 二、非理性选择的"社会人" /161
- 三、外部奖惩是否会影响不道德行为的实证研究 /162
- 四、不道德行为的自我概念保持理论 /163

第二十章 影响腐败行为的主要可能心理因素 /166
- 一、自我合理化 /166
- 二、自控力与自控力耗竭 /167
- 三、他人的社会影响 /169
- 四、个体差异因素 /169

第二十一章 影响腐败行为个体差异的广东实证研究 /170
- 一、研究背景 /170
- 二、研究方法 /171
- 三、数据分析 /175
- 四、讨论 /179
- 五、总结 /183

第二十二章 抑制腐败行为的心理学建议 /185
- 一、减少自我合理化过程的可乘之机 /185
- 二、提高自控力水平,减少自控力损耗 /185
- 三、防止腐败的"传染" /186
- 四、加强社会监控的机制 /186
- 五、完善人事筛选流程 /187

参考文献 /188

第一编

政治学视角

本编从政治学视角研究广东腐败问题。首先，对广东省党政官员腐败的现实状况进行了描述，并在此基础上分析了广东省党政官员腐败造成的负面后果；其次，立足于政治学视角对导致广东省党政官员腐败的原因进行了分析；再次，在借鉴既有理论研究成果和梳理广东现行廉政建设思路的基础上，从政治学视角提出了优化未来广东廉政建设的基本思路；最后，提出反腐败的关键，显然应是以防止和减少权力滥用为中心，通过制度创新，限制权力、制约权力与净化权力。

第一章 腐败的政治学研究综述

一、问题的提出

改革开放伊始，广东的腐败问题就已经初露端倪。党员、干部因经济上严重违纪而受到党纪处分的人数从1979年的364人增加到1980年的605人，上升了66.2%。经济案件中的干部受贿案，1981年之前基本空白，1982年达到了449宗，其中县处级以上领导干部受贿案42宗。从1978年到1989年，广东全省共立案查处公职人员经济违法犯罪案件15 830件，给予党纪处分6 012人，政纪处分5 279人，移送司法3 619人，有2 539人被开除党籍。进入21世纪以来，广东的腐败依然呈现高发态势。2014年，广东全省纪检监察机关共立案查处11 168件11 315人，同比上升53.8%，其中地厅级干部95人。2015年，广东省纪检监察机关立案14 898件，同比增长33.40%，其中地厅级干部170人、县处级干部871人。腐败问题严重损害了公平正义，导致伦理道德滑坡，浪费了巨额社会资源，恶化了党群、干群关系。

改革开放以来，广东从成立全国第一个经济罪案举报中心、第一个反贪局，到率先治理"裸官"、强化"一把手"监督，再到学习新加坡和香港经验"开门反腐"，始终坚持制度创新与探索，其中有曲折、有争议，但前进的步伐从未停歇。近年来，广东的反腐败工作一直保持高压态势。党的十八大以来，广东省反腐败力度进一步加大，纪律审查工作多项指标位居全国前列，成效有目共睹；但是，广东的反腐败形势依然严峻，在如此高压态势下依然不收敛、不收手，顶风违纪违法的大有人在，这不能不引起我们的思考。腐败从表面上看是经济问题，是公职人员的心理问题，但归根到底是政治问题。正是政治体制与运行机制的不足和缺陷导致公共权力滥用，而腐败真正的威胁也是政治意义上的。正是因为腐败造成的威胁，党的执政高层将腐败问题的后果提升到亡党亡国的高度。导致腐败的政治根源，则是权力监督与约束的缺失。权力的行使主体是具体的、有各种欲望的人，基于公共选择理论，权力寻租设租、收受贿赂等都成了寻求利益的手段。只有通过加强权力监督和权力约束，让权力的运作公开透明，同时被控制在合理的制度框架内，才能从根本上控制腐败的蔓延。

二、文献综述

腐败是一种复杂行为，在各学科的解释中，它既是一个有对抗力的词语，又是对诸多发展和政策相关问题的事后解释。作为一个跨学科概念，腐败即指公共权力的滥用。其表现形式依政治环境、经济环境、社会规范和主流社会期望的变化而有所不同，相关解释也是"仁者见仁，智者见智"。

1. 腐败的政治术语

腐败的本质属性，就是对公权力的滥用，公权力蜕化变质为私有化。在我国，腐败一词早在《汉书·食货志（上）》就已出现："太仓之粟，陈陈相因，充溢露积于外，至腐败不可食。"意指（谷物）发霉腐烂。《辞源》将"腐败"解释为"腐烂发臭、陈旧迂陋、腐朽败坏"，并引注《韩诗外传》卷八："民无冻馁，食无腐败。"《辞海》《法学辞海》将"腐败"解释为"腐烂、败坏、堕落"。这是腐败概念的生物学释义。后来，它被引申到政治领域，成为政治术语。如晚清时期的小说《官场现形记》《女娲石》中就有大量揭露统治阶级内部腐朽、官吏腐败的事例记载。《现代汉语词典》对腐败概念做了具体解释：一是腐烂；二是（思想）陈旧，（行为）堕落；三是（制度、组织、机构、措施等）混乱、黑暗。在国外，《牛津法律大辞典》解释"腐败"：一是指物质腐烂瓦解；二是指道德堕落；三是指在公共事务中滥用职权。第三种含义，就是"腐败"的政治释义。在马列经典著作中，除了用"腐败"来指公权私用外，还经常用"腐朽"来形容和批判封建主义、资本主义和剥削阶级。这里的"腐朽"，就是指当时的社会制度腐败没落。

2. 从政治学角度界定腐败概念

国外学者从多角度对腐败概念进行了研究和界定。美国政治学家塞缪尔·亨廷顿（Samuel P. Huntington）认为，腐败是指国家官员为了牟取个人私利而违反公认准则的行为。美国耶鲁大学政治学和法学教授苏珊·罗斯·艾克曼（Susan Rose-Ackerman）认为："腐败是国家管理出现问题的一种症状。这种症状表现为那些原本用来管理公民与国家之间的关系的机制，却被官员用来达到个人发财致富的目的。"[①] 上述是从狭义方面来定义腐败的，更接近于行政

[①] Susan Rose-Ackerman. Corruption: A study in political economy. New York: Academic Press, 1978, p7.

管理方面的腐败，倾向于贪污受贿等以财物为明显特征的权钱交易行为。按照马斯洛需求层次理论，除了物质财富以外，人们还追求政治上的显赫和精神上的满足。因此，广义上腐败也包括任人唯亲、滥用职权等行为。按照国际货币基金组织顾问、著名反腐败专家瓦特·坦茨的观点："公权力的滥用不一定必须与私人利益相联系，它也可以是有利于某一官员所属的党派、阶级、部落、朋友、家庭等等。事实上，在许多国家，腐败的发生是为了从财政上支持某一政党的活动。"① 而美国政治学家约瑟夫·奈则把腐败定义为："腐败是为私人、家庭成员或私人小圈子获取金钱、身份而背离公共角色的规范职责的行为，腐败包括贿赂、裙带关系和盗用。"② 美国迈克尔·约翰逊认为腐败指"对公共角色或资源的滥用，或公私部门对政治影响力量的不合法的使用形式"③。这一定义接近于政治腐败的含义。

在中国，腐败基本上作为一个政治概念使用。国内有的学者认为，"腐败是指通过损害他人和社会公共利益而牟取私利"④，这里着重从谋私利的角度出发。有的学者认为，腐败是"用公共权力实现私人目的的行为，其基本特征是公共权力和公共资源的非公共、非规范的运用"⑤。田心铭认为，腐败是"为牟取私利而侵犯公众利益，腐蚀、破坏某种现存社会关系的行为"⑥。杨春洗认为："腐败是指执政党组织和国家机关及其工作人员，包括受其委托从事公务的组织和人员，为满足私欲、牟取私利或局部利益而实施的严重违背纪律和法律，侵犯人民利益并造成恶劣政治影响的蜕化变质行为。"⑦ 上述定义明确了腐败和公共权力的关系，并以牟取私利为目的。按照此定义派生出来的相应的腐败行为有：贪污、贿赂等权钱交易行为，乱罚款、乱收费、乱摊派等滥用职权行为，公款吃喝、公款旅游等权力和私利结合在一起的行为等等。中共中央纪委曾大致从三个方面着手部署反腐败斗争：一是党政领导干部的廉洁自律；二是查处腐败案件；三是纠正部门和行业不正之风。这三个方面都和公共权力相关。

---

① 转引自胡鞍钢《腐败与发展》，载《决策与信息》2004年第1期，第45～47页。
② 转引自郑利平《腐败的成因：委托代理分析》，载《经济学动态》2000年第11期，第9～14页。
③ 转引自胡鞍钢《中国：挑战腐败》，浙江人民出版社2001年版，第2页。
④ 张曙光：《腐败与贿赂的经济分析》，载《中国社会科学季刊》（香港）1994年第1期，第15～26页。
⑤ 王沪宁：《反腐败：中国的实验》，三环出版社1990年版，第6页。
⑥ 转引自楚文凯《腐败概念的泛化和界定》，见新华网2006年1月16日。
⑦ 转引自楚文凯《腐败概念的泛化和界定》，见新华网2006年1月16日。

3. 其他学科对腐败概念的界定

从社会关系角度看，腐败是一种社会现象，其根源就是人与社会形成的腐败性质的关系。比利时社会学家杜卜瑞尔早在1912年出版的《社会关系》一书中指出："社会学研究的对象不是社会，而是社会关系。"① 我国学者认为，"社会关系主要是指占统治地位的现存社会关系，腐败就是为了牟取一己私利、侵犯公众利益而腐蚀、破坏某种现存社会关系的行为"②。事实证明，腐败分子大都是凭借纵横交错的社会关系进行腐败活动。例如，中共广东省委组织部原副部长林存德案，涉及数名企业老板和114名公职人员，其中省管干部92人、其他干部24人。这说明社会关系中的腐败结网已经到了令人发指的地步。"腐败关系网"中还有一种"潜规则型腐败"。"潜规则"原系亚文化群体中特有的文化现象。它是指在特定领域内成员按照默认的行为方式活动的游戏规则，具有秘密、潜在、无规定却心照不宣等特点。改革开放以来，有些部门办事、上项目要求有偿回报，工程建筑、土地出让、电力、医疗等行业都存在拿回扣、收红包等"潜规则型腐败"。

从以市场为中心的理论看，腐败就是将商品交换原则运用于公务活动。一个腐败的公职人员就是一个商人，他把职权作为牟利的资本，认为"用权换钱"是最时髦的"价值交换"；市场有"商品资源"，自己有"权力资源"，只要有"市场需要"，就可以"供求交易"。这种现象近乎以市场为中心的腐败定义。

以权力为中心界定的腐败概念则认为，权力滋生腐败，凡腐败者都以权谋私，"大权大腐，小权小腐，无权不腐"，就是对权力腐败的形象描述。法国政治学家孟德斯鸠说："一切有权力的人都容易滥用权力，这是一条万古不易的定理。"③ 英国历史学家约翰·阿克顿（Lord Acton）也曾指出："权力导致腐败，绝对权力绝对导致腐败。（Power tends to corrupt, and absolute power corrupts absolutely.）"④ 为政当权时"一呼百应"；当权力丧失，也就"风光不再"了。这就是民间说的"有权不用，过期作废"。因此，权力从来都是不够分配的紧俏品，古往今来不知有多少人觊觎它，为它拼得死去活来。

从组织和制度意义界定腐败概念，认为思想上的腐化堕落可以是少数人，

---

① 转引自刘祖云《试论社会学的研究对象》，载《华中师范大学学报》（哲学社会科学版）1985年第3期，第19～24页。
② 田心铭：《反腐败论》，四川教育出版社1997年版，第3页。
③ （法）孟德斯鸠：《论法的精神》（上册），张雁深译，商务印书馆2009年版，第154页。
④ （英）约翰·阿克顿：《自由与权力：阿克顿勋爵论说文集》，侯健等译，商务印书馆2001年版，第342页。

而组织腐败、制度腐朽是不可救亡图存的。纵观中国历代王朝，无论统治时间长短，开始总是以德感召天下，励精图治，而到后来又都是从出现吏治腐败发展到制度腐朽而改朝换代。从商纣王的荒淫奢侈到唐代李隆基时的"安史之乱"，从东汉的卖官鬻爵到清朝的腐败无能，无一不是因制度腐朽、官吏堕落招致败邦亡国。清政府的腐败突出表现在晚清时期，正如龚自珍所认为的，当时的社会黑暗已走向没落"衰世"，好像一个气息奄奄的人一样"日之将夕，悲风骤至，人思灯烛，惨惨目光"。

腐败概念泛化应当引起高度关注。近年来，一些媒体将政治迫害、经济侵占和交通、医疗等领域的丑恶现象都冠以"腐败"之名。事实上，如果不是行使公共权力而牟取非法利益，就不宜称为腐败。这是腐败与反腐败概念的分界线。从根本上讲，腐败是公共权力滥用的结果。作为反腐败理论的一个专有名词，腐败是与廉政一词相对应的。因此，本研究所指的腐败，是指滥用公共权力牟取非权力赋予的特殊权力或利益的一切行为。

4. 腐败的行为特征及其成因

腐败行为具有四个要素，即腐败行为的主体、腐败行为的方式、腐败行为的目的和腐败行为的后果。

腐败行为的主体是国家权力的行使者，包括国家公职人员和受委托行使国家权力的非国家公职人员。一些学者认为，除了国家权力行使者以外，那些利用非法手段间接影响国家权力运行、以牟取私利的其他人员也应纳入腐败主体之中。我们认为，这种看法有失偏颇。这主要是因为，腐败是国家政权自身的腐化变质，非国家权力行使者所发生的行为，即使与腐败行为有密切关系，甚至是相伴而生的关系，也不能称为腐败。当前，随着政府机构精简和职能转变，国家开始把一些原由政府部门做的事情，诸如资产评估、项目审计和论证等委托给私营机构人员完成。也就是说，这些人员受委托参与政府事务，也成了国家权力的行使者。上述情况反映出具备腐败行为主体资格群体的变化，我们在使用腐败概念时一定要掌握这些新情况、新变化。腐败行为的方式是滥用国家权力。滥用国家权力包括两个方面：一是利用国家权力实施谋私行为；二是拥有国家权力却不作为。我们应考虑到，国家权力行使者同时具有公民权，这种权利不属于国家权力。因此，国家公职人员发生的谋私行为算不算腐败，取决于他是否利用了国家权力。腐败行为的目的是牟取私利，即为个人、亲属以及所属群体牟取利益，从根本上说还是为个人牟取利益。所谓利益，包括物质利益和精神利益。许多买官、卖官案件就说明了这个问题。国家权力行使者利用手中权力接受贿赂的行为也属于腐败。腐败行为的后果是严重损害国家和人民的利益。对于腐败行为的后果，学者们都认同"损害国家和人民利益"

的提法，却往往忽视了"严重"二字。笔者认为，腐败的生物学释义为"腐烂，指生物体已败坏到了严重的程度"，因此，腐败一词引申到政治领域，也应包含"严重"这个意思。当前，一些学者把"严重违背纪律和法律"作为腐败行为后果的具体表述，也是值得商榷的。这是因为：腐败定义和反腐倡廉理论应该是制定反腐倡廉纪律和法律的基础，而不应该是相反。当然，纪律和法律不能用来界定腐败概念，但在判断一种行为是否严重损害国家和人民利益方面还是有重要参考作用的。

当前，不同领域的腐败在上述制度性、机制性与环境性方面的表现是紧密联系、互为因果的。因此，我们可将其统称为"体制化腐败"。腐败虽然是由正常的系统异化或病态化而来，但体制化腐败已在相当大的程度上具备了系统的特征。这一点在腐败的形成及运行机制上有明显的反应。当前，中国官方界定的腐败主要有四种：一是政府官员犯罪，特别是经济犯罪；二是政府官员相互勾结，以权谋私；三是挥霍公共资源；四是政府官员的某些不道德行为，如赌博、婚外恋等。过去，腐败的概念容易使人们只注意到腐败的经济特征，这与最初官方总把腐败与经济犯罪联系在一起相关，在1988年以前与腐败相关的犯罪行为统称为经济犯罪。1988年以前中国的腐败核心因素具有"黑色腐败"特征。腐败的主要表现为经济犯罪，具体体现为侵占公款、贿赂、走私、逃税、诈骗等。1989年，"投机"和"诈骗"等行为已不被划分为腐败，取而代之的是，"滥用公共资金"这一概念首次出现在官方文件中。

关于腐败产生的原因。一是腐败成因的经济学分析。当前比较流行的是从成本—收益的角度分析腐败的成因。杨秋菊和李金龙从多维度剖析了腐败行为，对腐败的成本—收益、不腐败的成本—收益、反腐败的成本—收益做出分析。官员在是否腐败的抉择上，存在着三个方面的成本—收益分析。他们指出，腐败的成本包括被抓的可能性和被抓后受处罚的程度，收益则包括从违法活动中所得到的各种好处。张军则在使用成本—收益分析这一方法的时候，将腐败区分为两类：需求性腐败和供给性腐败。需求性腐败是指政府官员在职务许可的范围内，对非特定的第三人应履行的职责采用区别对待的方式以谋求非法利益。这种腐败因缺乏有效的监控而易滋生蔓延并造成不良的社会影响，一旦监控的手段加强、腐败的成本上升，腐败的行为便急剧下降。供给性腐败则不同，它是指政府官员在超越其职权许可范围内为特定的第三人提供好处而获取收益。这种腐败所带来的收益会随职权的扩张而增大。这类腐败的成本是一定的，即罪大恶极者而视成本为零。因此，这一类腐败往往对社会的危害极大，且常常造成大案、窝案。委托—代理理论则来自传统的制度经济学，是契约理论近30年来较新的研究成果。委托—代理理论的主要观点认为，在委托代理的关系中，由于委托人与代理人的效用函数不一样，委托人追求的是自己的财富最大化，而代理人追求的是自己工资津贴收入、奢侈消费和闲暇时间最大化，这必然导致两者的利益冲突。在缺乏有效的制度安排下，代理人的行为很可能最终损害委托人的利益。运用到政治领域，则是将民众与政府官员的关系看成委托与代理的关系。民众将自己的一部分私有权利交给政府官员来行使以维护自己的利益，而政府官员则通过这种代理活动获得相应的报酬。在信息完全透明的情况下，委托者和代理者之间的关系虽然会因为追求各自利益最大化而发生冲突，但由于委托人有权利中止委托代理关系而不至于恶化，双方会小心翼翼地尽量维持平衡，从而可能达到帕累托最优。然而，由于信息很难完全透明，代理人往往在信息上占据优势，委托人在不明就里的情况下，利益可能受到侵害。郑利平指出，由于信息的不对称、理性不足和无法算尽以及机会主义的影响，代理人为了获得更多的利益会损害委托人的利益。这种委托代理的失灵使官员获得较大的收益，并可避免处罚；或即使受到处罚也很轻，再加上对公共权力委托代理运行监督不力等因素，使得腐败得以大行其道。寻租理论思想的渊源是1967年戈登·图洛克（Gordon Tullock）所写的论文《关税、垄断和偷窃的福利成本》，有人称他为"寻租理论之父"。寻租是指个人、组织或机构通过操作经济和法律的环境来赚钱，而不是通过贸易和生产。当前寻租理论不仅应用在经济学研究中，也被用来说明腐败的成因。如安立仁从寻租理论角度解释腐败，认为腐败根源在于人为的资源稀缺或来源于政府的部分经济干预或管制，解决的办法是取消管制或如果不能取消管制则设法使稀缺资源获取的机会随机化。胡立和在《1988年我国租金价值的估算》一文中分析了中国当前存在的各种租金如国家控制商品的政府公告价格和市场价格之间的差价，国家银行贷款的公告价格和市场之间的差价，各种税收的差价，因不合理的定价而产生的同行业内的租金，企业承包基数的差价，地方部门和企业的外汇保有比率的差价，各种福利待遇（住宅、交通、公共医疗等）租金，投资分配的差价，进出口许可证所涉及的价格差价，企业损害补偿费，签发各种许可证、证书、图书出版号码时产生的租金，等等，进而分析了中国存在大量的"官倒"，严重危害中国的政治经济。①

二是腐败成因的心理学分析。据心理学分析，人的任何行为背后都隐藏着心理动机。腐败是社会行为，究其背后动机和产生原因是什么，应该从人的内在动因和外在动因进行分析。研究者认为：个体欲望是产生内在动因的根本，

---

① 参见胡和立《1988年我国租金价值的估算》，载《经济社会体制比较》1989年第5期，第10～15页。

是人类行为产生的根源。欲望是由人的很多需求产生的，而需求根据不同环境、不同个体而不同。一般而言，欲望需求由个体的贪婪心理、失衡心理、侥幸心理、从众心理等产生。①贪婪心理。人有自私方面的不满足性。根据马斯洛需要层次理论，人在低级需要得到满足后会追求高级需要，这无可厚非。贪污者在生存、安全、社交、尊重需要基本得到满足后，如果人生观、世界观、价值观发生蜕变，把享乐当作自我价值实现的目标，就会慢慢堕入腐败的深渊。欲望是个无底洞，一种欲望满足了，另一种欲望又会产生。对腐败者来说，欲望就像潘多拉的盒子，一旦打开便难以关闭，有了钱便想更有钱，有了老婆便想有情人，有了一点权力便想有更多权力，如此下去。贪污者想满足无休止的欲望，唯一方法就是用权力去交换。腐败交易成功后，又会在心理上形成一种成功体验，引发收益感、满足感、欢乐感乃至成就感，从而渐渐上瘾。根据斯金纳的强化理论，当一个行为结果对他有利时，这种行为会重复出现，并且不断强化。②失衡心理。根据亚当斯公平理论，一个人不仅关心自身报酬的绝对量，还关心其相对量，即通过与他人比较来确定自身所获报酬是否公平。这种比较结果将影响今后工作的积极性。在国有企业中，有些身处重要岗位或掌握重要资源的领导干部认为，和成功的私营企业老板相比，自己的贡献大于自身收入，自己得到的太少而失去的太多，从而产生心理失衡，滋生"趁有职有权时捞一把来弥补"的想法。对于一般员工，因薪酬管理中分配差距拉大，同龄人、同单位、同岗位待遇有别，同工不同酬等问题也会导致心理失衡。③侥幸心理。心理学研究表明，当利益大小与行为后果不成正比，即腐败成本很低且有先例表明可以逃避处罚时，往往会有人铤而走险，认为冒这样的风险很划算。因此，侥幸心理是在客观环境条件具备下，最容易催生腐败的心理动机。④从众心理。为了权力更好变现，腐败者往往形成很多利益小团体，并演化为潜规则，其中之一就是通过合作方式追求利益目标最大化，通过从众可以很快融入利益同盟，参与利益分配并增强归属感与凝聚力，通过责任分散来减少罪恶感。还有一些领导干部，尤其是中层领导干部，在集体腐败过程中，可能主观上并不想参与，但因为种种利害关系"无可奈何"，最终选择随波逐流、同流合污。

三是腐败成因的政治学分析。综合归纳学者们的研究成果，大致有以下五种代表性观点：①滥用权力的贪欲导致腐败。阿克顿定律认为，人与权力、利益的结合必然会产生腐败。这是因为人区别于动物的高级心理活动中有一个根本特征，即占有和支配心理。人的这一固有心理既是权力存在的心理基础，又是腐败产生的根源。权力本质上具有强制性、支配性、扩张性和任意性。权力的本性往往与人类自身的弱点联姻，从而使双方互相强化，并诱惑人去扩张权力、滥用权力。可见，滥用公共权力的天然欲望必然导致腐败。②官员的经济理性诱发腐败。早在威尔逊的公共行政学中就有"政府官员的经济理性"假设，即政府机构如果不能有效地满足官员们的经济需求，官员腐败活动就容易滋生。有学者指出，当现有制度结构和制度安排不能为党政官员提供合法的、正当的追求个人利益最大化的渠道时，利用手中掌握的权力追求个人利益最大化，就成为腐败合乎理性的选择。众所周知，我国公务员工资福利水平在全世界处于较低水平，当某些官员的"政治期望"急剧下降之后，特别容易产生腐败行为，"59岁现象"就是典型的例证。③公共权力寻租催生腐败。有学者指出，在市场发育还不充分的条件下，政府官员是管制政策的供给者，企业为牟取利益可能购买管制，政府成为利益集团的俘获物从而导致腐败。也有学者认为，公共部门的"设租"行为说明先有权力腐败动机然后诱发产生了权力寻租行为。但是，权力垄断才是导致腐败的充分条件，当政府权力运行处于高度垄断时，"寻租导致腐败"成为必然。④监督缺位放纵腐败。从体制来看，高度集中的权力体系，对领导干部的监督经常失效，甚至形成监督真空。纪检监察机关很难有效监督同级党委，许多同级人大代表甚至连政府财政预算报告和审计报告都看不懂，难以开展监督工作。从制度来看，对腐败惩罚过于宽松以及立法不公、执法不严助长了腐败发生。⑤行政道德失范助推腐败风气。在社会转型期，新的现代伦理和社会核心价值体系尚未完全建立，腐败仍然是公共权力拥有者难以抵制的诱惑。亚当·斯密说过，人在对自利边界的意识中走向道德。客观地讲，中国还没有建立起稳定的保护普通基层公务员基本利益的机构与机制，政府官员的"自利边界"比较模糊，公务员的道德自律和他律缺乏标准。上岗靠送礼、晋升靠"跑官"、评优靠人情、发财靠旁门左道的风气不同程度存在，这些也是腐败产生的重要原因。

5. 反腐败措施

无论何种社会、何种政府，只要听任腐败泛滥，必将导致权力的"合法性"丧失。在反腐败总体目标下，如何认识反腐败预期效果，如何确定反腐败阶段性目标，如何选择适合国情的反腐败模式，等等，都属于反腐败策略问题。

一是对腐败"零容忍"态度。有学者指出，虽然我国对腐败犯罪的打击力度不断加大，但查处的贪官却没有减少，因此应当对腐败"零容忍"。还有专家提出"集体腐败入刑"主张，意在对"小团体"单位腐败现象"零容忍"。有学者认为，反腐败是跟人类的贪欲做斗争，不要寄希望于行使公共权力的人依靠私德自我约束，对腐败只能"零容忍"。也有学者指出，腐败总是与公共权力运行相伴而生,大量的腐败犯罪过程同时正是犯罪分子履行公共职权、提供公共服务的过程,"零容忍"的反腐败主张是一种"政治洁癖",表明的是一种反腐败的态度。我们认为,行政自由裁量空间的存在,客观上为腐败提供了条件,对腐败"零容忍"无论是从理论还是在实践上都不可能,但"零容忍"的态度还是必要的。中外各国反腐败的实践证明,被视为"政治之癌"的腐败,无论在时间还是在空间上,从来就没有被彻底清除过。所以,控制腐败应通过严格"约束官员的自主决定权""减少官员获取私人收益的概率",以达到"减少腐败动机和提高腐败成本"的目标。①

二是全面反腐与重点反腐策略。近年来,"透明国际"(Transparency International)提出构建"十一根制度支柱"的国家廉政体系,对我国学者提出全面反腐败策略主张产生重要影响。有学者认为,由于腐败行为受政治、经济、价值观、权力和制度等综合因素影响,反腐败需要从多个角度全面展开。但也有学者质疑全面反腐的制度成本。海登海默(Arnold J. Heidenheimer)曾经说过,一个社会之所以需要制度,是因为制度的存在可以节约成本,如果一种反腐制度提高了反腐成本,那还不如没有好。有可能腐败的人是否会腐败往往取决于其腐败的收益与成本之比,而收益和成本又取决于反腐败的制度成本。科学的反腐败制度是腐败与反腐败博弈的结果,也一定是边际效益最大的制度。重点反腐策略是在有限的反腐力量条件下,在重点领域和关键环节针对腐败产生的根源对症下药、重点治理,以最小的投入获取最大的收益。②

三是权力反腐与制度反腐策略。有学者认为,人类政治生活中权力设置的基本要求是以权力制约权力。腐败的实质是滥用权力,遏制权力是反腐败的核心问题。我国权力架构与联邦制国家明显不同,再加上有些制度滞后,对于违反制度行为的惩处还存在失之于宽、究之于软的问题,权力缺乏及时有效的制衡。因此,依靠上级权力查处下级贪官的权力反腐模式符合中国国情。也有学者主张实施制度反腐。他们认为,反腐败必须从改革权力结构入手,走制度反腐的路子。建立科学的权力制衡制度是预防和治理腐败的逻辑思路,必须分设权力、限定权力、监督权力和公开权力。当前,制度反腐整体上已经达成共识,制度反腐的优势明显,其长期性、稳定性和法理性等特点决定了制度反腐

---

① 参见李燕凌、吴松江、胡扬名《我国近年来反腐败问题研究综述》,载《中国行政管理》2011年第11期,第117~118页。

② 参见李燕凌、吴松江、胡扬名《我国近年来反腐败问题研究综述》,载《中国行政管理》2011年第11期,第117~118页。

是反腐败的治本之策。①

四是经济处罚、道德教育与法律惩处策略。有学者从人性假设与道德规范的视角分析认为，权力只是腐败产生的必要条件而非充分条件，权力是否导致腐败，离不开对作为权力载体的人的分析。在公共领域中，道德高尚的人可以做到与腐败绝缘。所以，反腐必须着重抓好理想信念和廉洁从政教育，充分发挥道德教育的力量遏制腐败。许多学者重视廉政文化建设的重要基础性作用，然而，"重典治腐"之声同样铿锵有力。有人认为，治理腐败的基点不在"觉悟"或"道德"的自律，而在刚性规则钳制的他律，主张加大对腐败的惩处力度。我们认为，不能单纯遵循人性假设，还要考虑官员们的经济理性，只有当腐败的预期收益小于预期成本时，腐败才不易发生。因此，必须以提高腐败的风险和成本来达到抑制腐败的目的。层出不穷的"前腐后继"现象表明，单靠道德教育或法律惩处来反腐都难以取得长期成效，必须坚持打防结合、惩防并举、标本兼治、综合治理，建立经济处罚、道德教育与法律惩处相结合的惩防腐败体系。②

五是体制内监督与体制外监督平衡策略。对政府的监督既要有来自法定权力的监控，又要有来自民众的"公民"监督。有学者认为，在行政监督制度与权力格局这对矛盾中，权力格局是矛盾的主要方面，优化权力格局是保持监督制度与权力格局动态平衡的根本所在。还有学者指出，必须寻找适合市场经济体制要求的新的监督载体以提高监督效率。《中国青年报》2009年的一项在线调查显示，随着网络时代的到来，网络以其公开、透明、快捷、影响面广，并能有效保护监督人权益等特征成为反腐败的新平台。95.8%的网友表示自己"会参与反腐"，且有75.5%的人选择"网络曝光"作为"最愿意选择的反腐参与渠道"。因此，必须尽快完善网络舆论监控系统，加强网络反腐立法，积极肯定和引导网络反腐。体制内外监督的平衡问题，实质上是反腐败中的公共权力与公民权利的平衡问题。滥用公共权力与公民获取信息不充分及由此造成的体制内、外监督失衡，是当前我国反腐败工作迫切需要解决的问题。因此，预防和反对腐败，不能仅仅局限于体制内监督，还要顺应潮流，动员和组织社会力量，通过引导社会监督的有序参与，构建有中国特色的体制内监督与体制

---

① 参见李燕凌、吴松江、胡扬名《我国近年来反腐败问题研究综述》，载《中国行政管理》2011年第11期，第117～118页。

② 参见李燕凌、吴松江、胡扬名《我国近年来反腐败问题研究综述》，载《中国行政管理》2011年第11期，第117～118页。

外监督共同遏制腐败的新模式。①

6. 对既有研究的评论

已有的腐败成因分析从知识层面做出了突出贡献，也为反腐败实践提供了有益的参考。但是，既有的研究依然存在一些明显的局限性：①经济学视角的腐败成因研究更多地援引一些西方学者的理论工具与分析框架，这些理论工具与分析框架是建立在西方国家特殊的政治制度基础之上的，是否完全适用于中国，还需要仔细推敲。②心理学视角的分析强调了腐败主体的主观能动性，在相当程度上克服了"制度决定论"的缺陷，但是，也可能因为过分强调人的主观能动性而忽视了制度约束的必要性。③既有的政治学视角分析主要强调监督约束机制的重要性，显然对腐败成因的揭示还未充分到位，因此有必要更深入地研究。

总之，腐败本质上是政治问题，其威胁也是政治意义上的，应该在既有研究的基础上继续深化腐败与反腐败的政治学分析。

三、研究方法

本课题采用个案研究方法，以广东的反腐败实践为基础，从政治学视角思考如何进一步建立健全廉政建设制度。改革开放以来，广东一直在坚持不懈地探索加强党政官员的监督机制建设，在加强作风建设、反腐惩贪、规范党政官员选拔机制和对领导干部实施任期经济责任审计等方面进行了积极探索，也取得了一定的成效。广东在改革开放方面一直走在前面，遇到的问题比其他地区要早，如果能在制度创新上多下功夫、多出成果，就会为全国的反腐倡廉制度建设提供借鉴。

本项目的研究预期采取文献研究方法和访谈法等手段收集资料。

一是文本分析。收集全国和广东廉政建设的相关文件、工作报告、工作总结、领导讲话、交流与学习中使用的资料等，以及广东省各级纪检监察机关整理的党政官员腐败典型案例。

二是访谈。制订科学、周密的访谈计划，邀请参与党政官员监督约束机制设计和实际操作的领导、干部、专家进行访谈，了解全国和广东所取得的成效与面临的问题，为设计科学的反腐机制提供信息支持。

三是专家会议法和德尔菲法。在召开专家会议的基础上拟定相关机制目

---

① 参见李燕凌、吴松江、胡扬名《我国近年来反腐败问题研究综述》，载《中国行政管理》2011年第11期，第117～118页。

标，并邀请相关领导、专家和具有丰富实践经验的干部参加德尔菲法①，帮助研究者最后确定机制创新的思路。

---

① 德尔菲法（Delphi method），又名专家函询调查法、专家规定程序调查法，主要是由调查者拟定调查表，按照既定程序，以函件的方式分别向专家组成员征询意见，专家组成员又以匿名的方式提交意见函件。专家组成员之间不发生横向联系，只各自单独与调查者联系。经过几次反复征询和反馈，专家组成员的意见渐趋集中，最后获得准确率很高的集体判断结果。

第二章 广东腐败现象分析

广东省是祖国的南大门,毗邻港澳,改革开放以来,经济总量长期居全国各省份之首。广东的腐败与反腐败现状,既是全国总体情况的一个缩影,又表现出明显的自身特色。

一、总体情况分析

从查处案件总量看,广东官员违纪违法数量长期高位运行,尚未出现下降的拐点,与全国的总体情况基本一致。主要有以下特点:①从横向所涉领域看,腐败问题官员横跨了经济、政治、文化以及社会各个领域。可以这样说,凡是有"寻租"空间的领域,就有腐败问题的存在;凡是"寻租"空间大的领域,腐败问题就相对比较严重。一个明显的轨迹是,腐败现象由最初主要发生在商品流动领域,转向一些重要的资源部门、垄断性行业和资金高密集领域。这些领域都属于非充分市场化的领域,存在巨大的腐败利润空间。②从发案岗位看,"一把手"腐败问题突出。据统计,2003年至2015年上半年,广东共查处227名地厅级"一把手",占被查处地厅级干部的44.3%;还有1 130名县处级"一把手"被查处,占被查处县处级干部人数的27.6%。③从发案范围看,遍布各个领域和地区,呈现系统性特点。近年来,无论是党委、政府研究机构,还是科技管理部门,都发生了腐败窝案,涉案金额巨大,导致"清水衙门"也不清。④从发案层级看,镇村的腐败问题也很严重。2013年,广州市查处白云区违章建筑问题,竟牵出了上至区委书记、下至村干部在内的81名干部。近年来,广东省查处的农村党员干部违纪违法案件占案件总数的42.6%,主要集中在农村集体"三资"处置、换届选举、落实惠农政策和征地拆迁等方面。⑤从权力寻租的形态看,索贿、有预谋违纪的特征比较明显。不少案件中,领导干部主动"招租"、索贿,主动寻求被"豢养"。如广东省财政厅原副厅长危金峰帮助企业获取900万元扶持资金,竟然索取300万元"好处费"。违规经商办企业现象比较多,一些涉案人员"升官""发财"两条路同时走，不再满足于简单的权钱交易，而是寻求"官商一体"，以亲属名义经商办企业，甚至形成"家族腐败"。⑥从作案手段看，窝案、串案多发，"有组织犯罪"特征明显。一些腐败分子为了更加"安全"地贪腐，不断扩大势力范围，结成腐败团伙，规避法律和对抗调查的能力比较强。同时作案手段隐蔽，有的通过体制内外勾结，利用市场腾挪，以貌似等价交换的方式进行权钱交易；有的通过行业内外勾结，破坏交易规则、垄断交易信息，借助技术手段作案。⑦从腐败的危害后果看，形成贪腐的家庭文化、机关文化和社会文化。这些文化一旦形成，会产生巨大的影响力，形成"一人得道，鸡犬升天"的家庭文化，拉帮结派、"效忠"个人的机关文化，找关系、送"红包"的社会文化。

从上述腐败案件的归类分析，结合近几年查办腐败案件情况，我们可以得出如下几点关于当前广东腐败现状的判断。

一是土地和工程领域腐败问题高发。工程建设领域资本密集、涉及面广、管理环节多、队伍成分复杂，极易产生权钱交易、贪污腐化和暗箱操作。近些年来，"工程建起来，干部倒下去"的案例在不少地方屡有发生。仅2007—2010年，广东全省被查处的市、县两级国土局局长就有28名。2013年，中央巡视组对广东的巡视发现，一些领导干部与私营企业主勾结搞权钱交易，插手土地转让、矿产资源开发、工程建设项目招投标，利用职权和职务影响为配偶、子女、亲属及特定关系人牟取不正当利益。

二是党政"一把手"腐败问题突出。2014年7月25日，中国人民大学国家发展与战略研究院年度报告《如何治理"一把手"腐败》正式发布。根据这份研究报告，目前中国党政"一把手"腐败问题十分突出。如前所述，广东查办的厅、处级"一把手"案件所占的比例之大也印证了这个结论。"一把手"腐败的"潜伏期"比较长，有的"边腐边升""带病提拔"，"两面人"特征明显。

三是"清水衙门"腐败问题凸显。被传统认为是"清水衙门"的科教文卫领域，也滋生蔓延带有行业特点的不正之风和腐败现象。2014年至2015年上半年，仅科技系统就先后有广东省科技厅原厅长李兴华、原副厅长王可炜、原党组副书记张明，广州市科信局原局长谢学宁等因严重违纪被查处。此外，商业贿赂、医疗服务中的不正之风和食品药品安全等问题，教育领域的中小学教育乱收费、大学基建工程腐败、科研腐败等行为，都在社会上造成了恶劣影响。这些"清水衙门"腐败案高发背后的一个重要原因，是政府投入到民生事业的资金比例越来越大，科教文卫等部门原有的一些问题愈发突出。例如，有的既承担公共服务职能，又履行行政管理、执法等职能；一些既办事业又管行业，与所属事业单位有千丝万缕的利益关系；一些单位既从事管理性业务，又参与市场竞争。

四是群体腐败问题多发。近年来出现的腐败大案，尤其是一些"一把手"案件，很多是以群体腐败形式出现的。在茂名市委原书记罗荫国系列腐败案中，全案共涉及省管干部24人、县处级干部218人。罗荫国从1998—2011年在担任中共茂名市委秘书长、市委副书记、市长、市委书记期间，利用职务便利，在干部提拔、工程建设、资金和土地使用等方面为他人牟取利益，收受他人巨额贿赂，违反领导干部廉洁自律规定收受礼金等。在广东省科技系统，继省科技厅原厅长李兴华之后，又有多名厅级干部落马。该腐败窝案席卷广州、佛山、中山、河源等多地科技系统。其中，广州、佛山成为重灾区，两地科技系统共有50人被查。在群体腐败中，一般有两种形式：一种是一部分人，包括领导干部，抱成团伙，精心谋划，协同实施，牟取私利；另一种不一定有严密的组织和团伙，由于主要领导人腐败变质，从而上行下效，形成群体腐败。不论哪一种形式，都以群体活动为特征，出现"串案""窝案""系列案"等。

五是官员外逃问题突出。近年来，贪官外逃的现象十分严重，从前几年借出国考察名义"滞留不归"，到如今借养病、休假等名义外逃。2001年中国银行广东开平支行行长余振东与前两任行长许超凡、许国俊一起"消失"，三人贪污挪用公款近14亿元的大案才暴露出来。一些官员选择将家人安排在国（境）外并获得国（境）外居留权，自己孤身一人在国内为官，以方便将非法所得财产进行转移。

六是国有企业高管腐败高发。国企高管腐败通常采取的手段主要有：利用手中掌握的各种审批、审核、业务发包等权力，在决定业务承接方、聘用服务方中收受贿赂；在经营管理业务过程中，通过虚增购销环节、虚增业务费、虚构承租人等方法侵吞公款。另外，还有一些高管利用国企改制，虚构事实隐匿、侵吞国有资产。广东电网公司原总经理吴周春在任职期间，掌握的资源超过许多地级市的市长，3年内就完成建设投资超过500亿元，超出原计划投资141亿元。[①] 中共广东省纪委2014年9月8日公布的数据显示，2012年以来，广东省纪委查处省属国企违纪违法案件44起，给予党纪政纪处分40人，移交司法机关追究刑事责任11人。

[①]《广东国企领域腐败多发 又一国企高管被查》，见中国新闻网2014年9月29日。

二、广东腐败的区域性特点

广东省一方面经济总量连续多年雄居全国第一，先后超过亚洲"四小龙"中的新加坡、中国香港和台湾地区；另一方面也存在区域发展不平衡、城乡贫富差距大等问题。据统计，珠江三角洲（简称"珠三角"）地区生产总值、财政收入占全省近80%，而幅员辽阔的粤东西北欠发达地区仅占20%。全省50个山区县土地面积占了全省的66%，人口约占41%，人均GDP比全省平均水平低53%，比珠三角地区低80%。经济发展水平的差异也在一定程度上造成腐败表现特点的差异。

从发案岗位看，党政"一把手"案件多发是各层级、领域的一个共性问题。从发案领域看，珠三角地区以及省直系统腐败案件由传统的权力集中、资金密集部门向公共服务领域蔓延，东西两翼及粤北地区的发案领域主要集中于传统的党政领导机关、行政执法机关与司法机关、经济管理部门等权力集中的部门，随着这些地区开发力度的加大，腐败案件也开始呈现和珠三角地区开发早期相似的特点。从发案层级看，镇村案件多发在全省也是一个普遍性的问题，欠发达地区主要集中在农村集体"三资"处置、换届选举、落实惠农政策和征地拆迁等方面，珠三角地区主要集中在市场运营、产权交易和选人用人等方面。

具体而言，广东官员腐败的区域性特点体现在四个方面。

1. 珠三角地区的"裸官"和"裸官"贪腐现象

经过2014年全面调查摸底，共清理出"裸官"2 190名，其中市厅级干部22名，约占1%；处级干部301名，约占13.7%；科级以下干部1 867名，约占85.3%。2014年，广东省已基本完成全省"裸官"任职调整工作，共对866名干部做出了岗位调整处理，其中市厅级9名、处级134名、科级以下723名。由于历史、地缘和人文等原因，广东"裸官"主要集中在珠三角地区。据省委组织部向媒体通报的资料：广东"裸官"地区差异很大，粤东西北地区"裸官"数量很少，这些地方在很短时间内就完成了调整任务；而毗邻港澳的东莞等地，"裸官"问题相对较突出，大部分"裸官"的家人移居地是港澳地区。在这次专项治理中，东莞市共对127名官员任职岗位进行了调整，其中处级官员19人、科级官员及其他国家工作人员108人，市直单位官员5人，镇党委书记、镇长6人。江门是典型的侨乡，家属移居国（境）外的官员也相对较多，在这次专项治理中，128人已调整了岗位，其中处级官员13人、科级官员及其他国家工作人员115人。2012—2014年，广东共查处24

例"裸官"贪腐问题。

2. 粤西地区的买官卖官现象

始于2009年的茂名官场窝案共涉及厅、处级干部240余人，市辖6个县（区）的主要领导全部涉案。2013年7月，中共茂名市委原书记罗荫国因受贿、巨额财产来源不明被判处死刑，缓期两年执行，剥夺政治权利终身，并处没收个人财产。据悉，1993—2011年，罗荫国单独或伙同其妻子收受64名党政领导干部、企业老板赠送财物，其犯罪金额合计过亿元。窝案爆发前的几年里，茂名市买官卖官风气盛行，成为官员中半公开的秘密。纵观茂名腐败窝案，行贿受贿、买官卖官，是将各孤立的官员腐败案件串成窝案的关键词。曾官至中共茂名市委常委、政法委书记、公安局局长的倪俊雄因受贿罪获刑15年，没收财产人民币300万元和违法所得人民币338万元。法院认定的倪俊雄收受贿赂共41宗，大部分都是倪俊雄拿公安系统内的职位"交换"所得。

3. 粤东西北地区的官商勾结问题

近年来，汕尾市非法盗采稀土矿问题时有发生，原因之一就是有的官员与矿主"官商勾结"，直接入干股，或自己充当幕后老板，导致各地非法盗采稀土矿屡禁不止。2008年，汕尾陆丰市发文，要求各镇建设公益性墓园，但只能作为服务性机构，不能作为营利性机构。但有的老板与官员勾结，以分其干股为条件，公然以蒙蔽手段套用陆丰市政府文件，以建设公益墓园为借口，违法圈地万余亩，借机敛财。2011年，韶关市煤老板、第十一届全国人大代表朱思宜，因行贿韶关市原政法委书记、公安局局长叶树养而被查，朱思宜行贿案还牵涉到31名厅、处级干部。也就是说，曾经有一大批领导干部为其保驾护航，充当保护伞和幕后帮凶。

4. 珠三角地区的村干部腐败问题

在2010—2012年这三年间，佛山有62名村干部落马。2010—2014年已有101名村干部因贪腐落马。深圳市龙岗区南联社区村干部周伟思，在其涉嫌收受的5 000余万元贿赂款中，相当一部分是在拆迁和项目开发中为他人提供帮助所得的"好处费"。中山市火炬开发区宫花村党支部原书记助理张连合与时任党支部书记郭仲强，伙同原村财务人员马雪梅，私设个人账户接收土地补偿款，欺上瞒下，不交或少交土地补偿款，作案持续10多年，给国有土地和村民利益造成了1.27亿元的巨大损失。

三、腐败造成的现实危害

2012年，广州市社情民意研究中心在全省的问卷调查显示，对于"腐败造成的最大危害"这个问题，选择"加剧社会不公"的人多达66%；"激发社会矛盾"居次，被选比例为62%；而51%的人则认为腐败问题"加剧仇官情绪"。

1. 腐败损害经济发展

有研究成果表明，腐败会从多方面损害经济发展，腐败水平提高会导致国民生产总值增长率大大降低。保罗·莫罗（Paolo Mauro）的回归分析显示，腐败指数每低2.4个百分点，人均收入增长率就高4个百分点。腐败影响经济增长，其原因之一是导致投资水平降低，因为腐败使投资风险增大；原因之二在于腐败使教育方面的公共开支减少，腐败指数每降低2.38个百分点，政府的教育经费在国民生产总值所占比例就提高0.5个百分点左右。腐败造成的直接经济损失也是十分严重的。有学者对中国20世纪90年代后半期腐败造成的经济损失进行了初步估计，将中国的腐败类型划分为四种，对每一种腐败造成的经济损失进行计算。① 腐败还会阻碍经济改革和经济发展。一些人把腐败视为改革必须付出的代价，看作经济发展的润滑剂。这种错误认识的目的是证明腐败的合理性。事实证明，腐败只会破坏经济发展和社会秩序，阻碍改革开放的进程。诺贝尔经济学奖获得者瑞典经济学家冈纳·缪尔达尔（Karl Gunnar Myrdal）的研究表明："腐败行为对任何实现现代化理想的努力都是十分有害的。腐败盛行造成了发展的强大障碍与限制。"② 由于权力腐败，政治权利不正当地介入经济领域，使市场经济的公平竞争机制受到扭曲。权力对资源配置的不合理作用，也破坏了市场的公平竞争原则，必然对经济发展造成不利影响。

2. 腐败危害社会秩序

腐败破坏了正常的社会规范和社会秩序，对社会资源，尤其是关系国计民生的重要资源的不公平和不合理分配，会导致全社会的不满，从而激化社会矛盾。例如，如果人才流动、资源调配和人事晋升的权力掌握在腐败分子手中，必然会出现以权谋私、任人唯亲的情况，造成行政效率低下、资源调配不合理。腐败分子还会通过各种手段组织私人关系网络，形成权力体系的个人化、家庭化和小团体化。腐败所导致的贫富悬殊会引发社会不稳定。历史上，贫富悬殊几千年来都是中国社会不稳定的祸根，是百姓造反并最终导致改朝换代的重要根源。腐败分子利用手中的权力，轻而易举地获取巨大财富，无形中剥夺

---

① 参见胡鞍钢《中国：挑战腐败》，浙江人民出版社2001年版，第34～66页。
② （瑞典）冈纳·缪尔达尔：《亚洲的戏剧——对一些国家贫困问题的研究》，北京经济学院出版社1992年版，第147页。

了其他大多数人依靠诚实劳动、诚信守法经营获取财富的平等机会，必然引发并不断激化仇官、仇富情绪。一部分人的腐败行为又使得现实存在的贫富差距在人们心理上被放大，并产生"示恶效应"和强化法不责众的心理，甚至会使社会陷入动荡和混乱之中。

3. 腐败危及政治稳定

《管子》云："群臣朋党，则宜有内乱。"当腐败现象不断蔓延，特别是在一定区域内形成腐败集团之后，领导干部和公职人员首先需要效忠的就不是国家和人民，而是利益集团和小团体。这还会增加人们的离心倾向，削弱对党和政府的信任感。并且，腐败也会使党的方针政策无法全面、准确地贯彻执行。在政策执行中，由于腐败的存在，一些人就会曲解政策和截留政策，或是上有政策、下有对策，这都会损害政策对象的利益，损害党和政府在人民群众中的形象。腐败分子对群众疾苦无动于衷，把自己同群众对立起来，使非对抗性矛盾转化为对抗性矛盾，使局部性问题转化为全局性问题，使群众同个别领导干部的对立转化为群众同党和政府的对抗，从而激化和扩大社会矛盾。而执政团队内部的人事权力腐败进一步导致"劣币驱逐良币"的逆淘汰，从内部削弱执政能力，瓦解执政基础。

4. 腐败造成巨额国有资产流失

国有企业的贪腐大案时有发生，涉案金额动辄过亿。佛山市财政局财政预算科原科长罗斌贪污1.56亿元，令人触目惊心。组建于2000年的新广国际集团是广东省属的22家大型国企之一，其主要业务曾位居广东第一、全国第三，集团总资产一度超过40亿元。纪检监察机关查明，以原董事长、总经理吴日晶为首的新广国际部分高管人员，诈骗套现、违规担保、贪污腐败，导致国有资产损失22.94亿元，并有13.64亿元存在风险。从已经查处的案件看，一些国有企业"三重一大"决策权缺少有效的监督制衡，贪腐案件的"潜伏期"普遍比较长。广州市人民检察院2014年6月26日对外通报"白云农工商系列窝案"，广州市国营白云农工商联合公司原总经理张新华被指涉嫌贪污国有资产约2.84亿元，涉嫌受贿9 780万元、港币238万元，且贪污受贿时间跨度长达15年之久。

5. 基层腐败导致群体性事件频发

由于农村基层权力配置不平衡，监督机制相对不完善，一方面是决策权集中，监督权薄弱；另一方面是资金项目多，事权下沉，镇村干部和涉农部门公职人员面临着巨大的诱惑。中共广东省纪委公布的数据显示，自2007—2015年上半年，全省查处农村基层党员干部违纪违法案件32 460件，涉案人员33 692人，反映了农村基层腐败问题相当严重。另据广东省信访局资料，2011

年1—10月，受理群众反映农村集体"三资"管理及分配问题的来信来访批（件）次占农村信访的67.3%。其他时期和其他部门的数据分析，也印证了涉农贪腐问题的体量大、问题复杂、矛盾叠加等特点。例如，湛江徐闻等多个县（区）农机局领导虚报、倒卖收割机指标，使省农机补贴资金流失1 600多万元等。据统计，党的十七大以来，广东查处的农村基层腐败案件中，有78%与农村"三资"问题有关。

第三章　政治学视角下广东腐败产生的原因

反腐败是当前国家治理、经济建设和社会和谐发展的重要议题。腐败现象的产生有着社会经济结构、政治体制、文化背景等各方面历史和现实的深刻原因。根据广东省党政官员腐败的现实状况，本研究尝试从政治学的视角分析揭示广东省党政官员腐败的原因。

一、地方政府主导型市场经济模式的潜在风险

地方政府主导型市场经济模式有三种主要表现形式。

（1）地方党委政府肩负领导经济发展的重要职责。尽管当前把经济转型发展作为优化经济结构、实现更高质量与更可持续发展的头等大事，并淡化GDP在政绩考核中的权重，但转型不等于不要速度，地方党委政府丝毫不敢放松对引进大项目、保持中高发展速度的关注。招商引资、引领发展的能力依然是评价一个地方领导干部政绩的重要标准。以东莞市为例，2012年，为确保重大项目及时落户，中共东莞市委、市政府出台了"1+5"系列招商引资政策，决定成立"市重大项目招商引资工作领导小组"，由市委书记和市长分别担任组长、副组长。

（2）政府直接经营城市。地方政府以土地为载体，热衷于城市建设和房地产开发。地方政府往往凭借自身的"双重垄断"地位，也就是面对现有土地使用者进行土地使用权征用的买方垄断和作为土地唯一供给者的卖方垄断。在这一过程中，土地价值实现了几十倍甚至上百倍的升值，土地的增值收益成为地方政府增加财政收入的重要渠道。在不少地方，土地出让金加上相关税收，已占到地方财政收入的一半以上。

（3）地方政府直接干预企业运营。干预方式具体体现在：首先，要求金融机构对特定的行业、产业、部门或者企业给予直接或者间接的资金支持；其次，企业常常向地方政府支付超过正常税收外的各种摊派费用；最后，地方政府积极参与企业间的兼并和转让，并常常强加有关就业、资产流动等限制

条件。

地方政府主导型市场经济模式有多种潜在风险,其副作用之一就是腐败的易发、多发。地方政府过度渗入微观经济领域,直接参与经济运作,特别是在招商引资、土地经营方面所具有的强烈冲动,都表现出鲜明的公司化特征。政府行为微观化、企业化、趋利化所导致的权力市场化倾向不可遏制。在缺乏有效的制约机制时,无论是信贷、土地权的流转,还是政策便利,都可以便捷兑现。

二、权力运行的公开化程度不高

广东较早进行了有关政务公开的地方立法,大力建设政府网上办事大厅,完善政务服务体系,通过主动晒权、流程公开、法条查询、适时更新和监督问责等措施,推动权力运行公开化、透明化。但相对于透明政府的内涵与要求,依然存在相当大的差距,主要体现在四个方面。

(1)选择性公开。国务院《政府信息公开条例》第八条规定,"行政机关公开政府信息,不得危及国家安全、公共安全、经济安全和社会稳定"。这一规定的解释空间比较大,为政府选择性公开提供了貌似合理、合法的制度依据。这一规定减小了政府在信息公开方面承担政治风险的可能,但也为一些政府及其工作部门滥用法律提供了方便,把本应公开的信息列入"安全"考虑,拒绝公开、选择性公开或者不充分公开。

(2)重大决策事项公开程度低。《广东省政务公开条例》第七条规定,政务公开义务人应当公开的事项包括该行政区域的社会经济发展战略、发展计划、重大决策、工作目标及实施情况,并规定了重大决策或重大管理事项及责任追究。这就意味着政府在做"三重一大"决策时,必须公开接受更多监督,但实施过程却不尽如人意。深圳宝安区沙井街道办事处原主任刘少雄,将要建公园的地转让给港商建商业住宅,并主导与开发商置换 3 万平方米土地,致使国家财产遭受巨大损失,刘少雄个人受贿 2 000 万元。大片土地变卖,几乎是由刘少雄一人拍板就能定下来。

(3)领导干部财产不公开。2012 年 10 月,因遭网络举报坐拥 22 套房产而被纪委查处的广州市城市管理综合执法局番禺分局原政委蔡彬,后以受贿罪被提起公诉。检方指控蔡彬从 1998 年开始,在历任番禺区公安分局副局长、番禺区城管综合执法局局长、政委期间,或为他人牟取利益收受好处,或以低投资入股获取高回报,共涉 5 宗犯罪事实,指控受贿总额为 275 万元。近几年,媒体披露了大量"巨贪"案件,一些腐败分子涉腐金额巨大,动辄过亿,有的家藏几亿人民币现金，引发舆论关于公开官员财产的呼声。一些地方在小范围内试行官员财产公开，但对预防和发现腐败的效果不明显，也没有引起持续的关注。

（4）公民参与不足。相关法律和党委政府的文件规定了公民对政府的重大决策事项的参与权和监督权。但是，政府的运作往往是不透明的，公民无法从中获取相关信息，更不用说参与决策的过程。《中国政治参与报告》（2012）显示，对全国范围内6 286份问卷调查的分析结果表明，中国公民政治参与的主观意愿较高，但实际参与水平较低。正如广州市番禺区的垃圾焚烧事件，导致该风波的很大一部分原因是决策不公开，公民无法参与其中，容易产生"腐败联想"。

三、权力运行的监督制约不力

（1）腐败存量过大，权力监督的实际效果不理想。十几年来，广东省各级纪检监察机关每年受理的信访举报都有六七万件，其中大约1/3属于重复件或者业务范围外，应由纪检监察机关处理的四五万件。党的十八大以前的10年，全省每年初步核实的只有四五千件，年均初核率仅有10%左右，大量的信访举报线索被积压下来。党的十八大以来，全省各级纪检监察机关聚焦主责主业，纪律审查力度不断加大，线索处置率显著上升，2014年达到33%，2015年达到36%，相当于前10年年均初核率的近4倍。但是，由于过去积压的线索太多，仍有大量的信访举报还没有及时处置，一些腐败问题还来不及查处，每年仍有大量线索无法核查处置。（见表3-1）尤其是一些"一把手"带头腐败，往往引发系统性、塌方式腐败，对一个地区或系统的形象、风气和士气长期造成难以消除的损害，同时也导致信访举报积压和腐败存量增加。

表3-1　广东省纪检监察机关2008—2015年信访初核情况

时间（年）	信访总量（件）	同比增减情况（%）	初核量（件）	同比增减情况（%）
2008	59 867	↑4.3	4 539	↑5.9
2009	65 358	↑9.2	4 547	↑0.2
2010	71 106	↑8.8	4 557	↑0.2
2011	71 874	↑1.1	4 422	↓3.0
2012	76 856	↑6.9	8 458	↑91.3

续表 3-1

时间 （年）	信访总量 （件）	同比增减情况 （%）	初核量 （件）	同比增减情况 （%）
2013	62 065	↓19.2	15 809	↑86.9
2014	64 917	↑4.6	21 900	↑38.5
2015	68 770	↑5.9	21 814	↑0.4

注："↑"表示增加，"↓"表示减少。

（2）权力运行实时监控、同步预防力度不够。权力机关对行政机关的监督长期停留在一般视察、开会期间询问、听取报告等传统方式上，在很多方面难以深入。群众监督更是容易游离于行政监督体系之外。行政监察机关作为专门的监督机关，其监督尤其是问责以事后监督为主，事前预防和事中跟踪很难做到。在法律制度上，缺乏一部统一的、较为完整的、专业性较强的监督法，不利于准确判断和及时纠正监督客体的越轨行为。

（3）权力监督的合力不足。与其他国家、地区的权力监督情况相比较，我国的监督机构多、权力广泛、队伍庞大，但是各监督机构和部门的权力行使不够充分。有些监督机构的权力界限不清，行使监督权的手段少，监督的效果也不明显，并且监督权威和力量层层递减。比如，各级政协机关中，市、县级以下的政协机关很难有效行使民主监督权力，有的地方政协机关甚至成了安置干部、解决职级待遇的地方。各监督力量之间的协调、配合更是不足，体制上缺乏有效的纽带将各个监督主体连接在一起，缺乏整合所有监督机关和部门的整体设计与协作平台，导致各监督主体各自为战，力量分散。

第四章　政治学视角下广东优化廉政建设的路径选择

一、广东廉政建设依然面临严峻挑战

（1）腐败存量大、历史遗留问题多，在高压态势下仍然有人不收敛、不收手，减少存量、遏制增量的任务艰巨而繁重。2015年，中共广东省纪委就党的十八大以后"不收敛不收手"问题开展了调研分析。结果显示，虽然这几年反腐败斗争不断深入，公职人员整体上廉洁自律意识明显增强，"不敢腐"的态势初步形成，但基础并不稳固，"不收敛、不收手、顶风违纪"的问题仍时有发生。2013年1月—2015年10月底，广东全省纪检监察机关立案30 499件，属于党的十八大后"不收敛、不收手"的有15 203件，占比49.8%。这些情况印证了习近平总书记关于腐败分子还在"窥测方向甚至困兽犹斗"和王岐山同志指出的"树欲静而风不止"的判断。

（2）"三类问题"突出。土地和工程建设领域官商勾结、干部人事工作中买官卖官、以"红包"礼金名义行贿受贿这"三类问题"相当突出。2013年以来广东省纪委查处的省管干部中，涉及土地和工程建设领域的占27.3%；涉及收送"红包"礼金的占37.7%；一些地方或系统买官卖官"明码标价"，牵涉人员众多，严重损害一个地区或系统的政治生态。这"三类问题"突出，也印证了当前权力配置和监督制度的执行效果不理想，权力还没有被真正关进制度"笼子"。

（3）反腐败斗争面临的阻力和干扰大，时刻考验着反腐败的决心和定力。反腐败的阻力和干扰不仅来自腐败分子、来自某些社会舆论，还来自一些别有用心的人，包括个别位高权重的领导干部。有的是领导干部自身有毛病，怕引火烧身，不愿意让查案；有的是所在单位有问题，怕查出来要承担责任，不愿意让查案；还有的是亲朋好友中有腐败分子，怕受到牵连，也不愿意让查案；等等。

（4）搞腐败的手段不断翻新，腐败分子反调查的能力强，查办案件的难度越来越大。腐败手段日趋多样化、隐蔽化，尤其是"裸官""裸商"涉腐案件，涉案人逃匿藏匿，或滞留国（境）外不归，导致查取证难、找人控人难、追逃追赃难。

（5）有的单位主体责任缺失，甚至是"一把手"带头腐败，重构政治生态任重道远。有的地方和单位领导班子在从严治党和反腐败问题上当"局外人""和事佬"；有的"一把手"带头腐败，引发大面积、系统性腐败。

（6）纪检监察干部被"围猎"的风险越来越大，面临着日趋严峻的反腐蚀考验。反腐败工作越强势，反腐败机关的威望越高，公众对反腐败的期望值越高，反腐队伍的自我期许也就越高，发生权力膨胀、权力寻租的概率也就可能越高。有的腐败分子及涉案人员千方百计在纪检监察队伍中寻找保护伞、培植代理人；有的想方设法与纪检监察干部套近乎、称兄道弟、请客送礼；有的对纪检监察干部软硬兼施，能拉则拉，拉不动就造谣中伤，抹黑纪检监察机关及纪检监察干部的形象。

二、优化广东廉政建设的路径选择

改革开放以来，国家政权体系在依法治国的推动下有了很大的发展，积累了比较丰富的防治腐败的法律资源、组织资源、制度资源和技术资源；与此同时，社会力量也日益成熟，广泛的大众参与以及蓬勃发展的社会组织和基层自治，日益成为预防腐败的重要社会基础和监督力量。从世界各国的经验来看，监督、惩治和预防腐败是一项系统工程，需要多方参与、多面监控、多元治理。正如美国学者迈克尔·约翰斯顿（Michael Johnston）所言："在一个先进的社会里，这些使腐败受到制约的力量并不一定就是那些首先就把腐败置于控制之下的社会力量。有效的法律、惩戒和反腐败态度既是民主和经济发展的原因，也是其结果。因此，改革具有重要的社会特性：法律和程序必须与文化价值、公平观念及合法权威相提并论。公民中可能出现的种种反应也必须受到重视。"[①]

权力是一种支配力量，它的强制性、占有性和不平等性决定了权力和腐败之间没有不可逾越的鸿沟。反腐败的关键，应当以防止和减少权力滥用为中心，通过制度创新限制权力、制约权力、净化权力，保证权力沿着制度化和法制化的轨道运行。

---

① （美）迈克尔·约翰斯顿：《腐败症候群：财富、权力和民主》，袁建华译，上海人民出版社2009年版，第205页。

1. 压缩公共权力范围

（1）减少政府对经济的过度干预。转变政府职能，实际上也是要限制和削减政府不必要的权力，压缩公权与私利相勾结的空间。在转变政府职能的过程中，通过构建公共权力与经济利益相脱离的体制、权力主体与超额利惠相隔离的体制，划清政府公共行为和企业营利行为之间的界限，使政府部门及其工作人员不能用公共权力来获得经济利益。

（2）改革行政审批制度。过多地审批项目不仅提高了行政管理的成本，更阻碍了企业的成长和社会主义市场经济体制的完善。在层层审批之下，企业很难离开政府而成为真正的市场主体，同时也为地方政府干预微观经济活动找到借口。

2. 完善对公共权力运行的监督

（1）强化内部监督。①强化党内监督。党的十八大以来，巡视监督表现出了巨大的爆发力，巡视监督工作的制度机制创新，提供了一个把上对下、同级之间和下对上的监督有机融合的成功示范。探索纪委对同级党委监督的制度创新。建议试点开展省级以下各级纪委主要在上级纪委领导下开展工作，与同级党委形成平行和相互制约之势。这完全符合党章的规定，因为同级党委与纪委都是由本级党的代表大会选举产生的。②强化体制内监督合力。虽然在现行监督体系中，审计监督工作不难发现问题，但是由于审计部门只是行政序列的一个部门，审计监督容易受干预。如果将审计监督与纪检监察机关的监督合并，不仅有利于提升审计的监督威慑力，也有利于强化纪委的监督功能。在佛山市顺德等地进行的"大部制"改革探索中，已经开始了将审计机关与纪检监察机关合并的尝试，建议在总结这些地区经验的基础上在广东全省推广。③探索建立纪委与党的工作部门如组织部的联席会议制度。在相关案例分析中，往往发现一些官员"带病在岗""带病提拔"。因此，建议纪检监察机关和组织部门建立联席会议制度，共享干部管理信息，将监督关口前移，落实对官员的日常教育、管理和监督，及早发现问题，及早提醒、纠正。④各监督主体要依法依纪各负其责，切实履行监督职能。纪检监察机关作为实施党内监督、行政监察的专门机关，应把经常性的监督与及时发现和查处领导干部违纪违规问题结合起来，不仅要及时惩处违规违纪者，而且要把好防范的关口；各级人大常委会要进一步做好对依法任免的政府部门"一把手"的法律监督；各级政协要发挥广泛联系社会各界人士的优势，加强对各级"一把手"工作的民主监督。

（2）健全外部监督。①加强群众监督，鼓励群众积极举报腐败行为，实施"有奖举报"制度，充分保障举报人的基本权利和人身安全。②拓展公民举报投诉的渠道。强化党政官员举报贪腐的纪律和法律责任，要求他们随时向组织举报那些试图向其行贿的人员。③要强化舆论监督。建议加大媒体监督的自主性，鼓励媒体大胆揭露党政官员的腐败现象，让新闻记者在宣传和报道中依法享有知情权、合理怀疑权、批评建议权和人身安全保障权等，任何部门和领导人员都应当配合、支持并自觉接受新闻媒体的监督。对媒体揭露出来的人和事，主管部门应限期回应。明确媒体对其报道承担责任，规范和引导网络监督。④发挥专业人士、社会调查机构的监督作用。特别是对党政官员履职及受监督状况等需要量化评估的问题，可以委托专业人士或中介机构来进行，使评价结果更有说服力和公信力。

3. 公开权力运行的过程

权力的暗箱操作有内部和外部之分。"内部暗箱操作"根源于国家行政系统内部各个部门之间的封闭性，这使得政府内部专门的反腐机构无法对权力的行使过程实行及时、有效监督。"外部暗箱操作"根源于国家行政系统对社会的封闭性，这使得人民群众无法获得行政权力运行过程、运行绩效、行政决策和行政执行等相关信息，从而为腐败行为提供了保护的屏障。广州社情民意研究中心"2012年广东省政务公开城镇居民评价"的民意调查显示，对于本地政府政务公开的现状，民众满意度仅为24%。调查还显示，关于"政务公开对了解本地政府工作的效果"，认为"有一定帮助"者居多，但认为"帮助较小"和"没有帮助"的有22%。为此，应该进一步加大政务信息公开力度。

（1）推进预算公开和预算民主化。在总结现有改革经验的基础上，进一步加大预算公开化和民主化的力度：一是确立人大的预算主导权，在目前政府主导预算权力的格局下，调整人大与政府的预算权力关系，形成一定的分权与制衡机制；二是扩大公众参与预算和完善预算决策的机制，逐步扩大公民参与式预算的范围，让尽可能多的公众能够进入政府的预算决策；三是确立财政部门的核心预算机构地位，相对于数目众多的一般支出部门，作为唯一的核心的预算机构，财政部门能更客观独立地把握政府政策和战略的优先性，并有效地分配预算资源；四是进一步增强预算的透明度，让公众了解并监督政府的行为，以确保政府依法依规安排收支。

（2）推进重大决策公开化和民主化。近年来，决策听证、决策公开与决策咨询机制在广东各地不断铺开。但是，从现有例证来看，无论是广州的公众监督咨询委员会还是顺德的公共决策咨询委员会，其重心都在"咨询"而不是"商议"。为此，应该继续加大重大决策公开化和民主化的力度：一是明确重大决策的范围。重大决策一般针对重大问题，都具有方向性、原则性、全局性的特点，关系到人民的切身利益。只有明确重大决策的范围，才能防止"眉毛、胡子一把抓"而导致最终什么都做不好。二是明确重大决策的规则及主要程序。不同的规则体现决策民主的不同程度。程序科学是决策科学的前提和保证。没有严格的程序规定，再好的规章制度也难免流于形式。决策前调查论证是实现科学决策的前提条件，决策中集思广益是确保决策质量的关键所在，决策后分工落实是实现决策目标的重要保障。三是营造良好的决策集体内部环境。良好的决策环境应该是轻松、民主、尊重、和谐的，只有在这种环境中，决策成员才能畅所欲言，充分表达观点及看法。决策集体负责人采取什么样的领导方式对决策集体实行领导，对集体成员之间的关系和成员的行为选择有直接影响。良好的内部决策环境和正确的领导方式能有效防止"谁官大，谁说了算"现象和"搭便车"行为的发生。重大决策负责人还要认识并做到有效控制重大决策过程，这是克服"决策效率低下、成本高"，防止"议而不决、陷入无休止争论"的关键。四是提高决策集体的整体素质。决策者对所要决策的问题没有一定的理论素养，或者是在只知其然而不知其所以然的情况下做决策，决策的科学性都是很难保证的。另外，决策者要有能力使用不同的决策工具和方法进行决策。五是建立决策咨询制度。必须确保专家咨询的独立性，不管什么样的决策，都应该让专家根据客观事实进行判断。要改变"决策者先下结论、然后专家再判断论证决策的正确性"这样的咨询方式。六是建立和完善社会听证与社会公示制度。让各种利益群体都能参与进来，让各种利益群体能在决策开始时进行利益的表达、平衡、制衡，最终体现出利益的均衡，减小决策实施阶段的阻力。七是明确重大决策的责任主体，建立责任追究机制。决策是关系人民群众切身利益的严肃行为，决策失误所造成的损失是巨大和难以弥补的。我国已经建立了重大决策行政首长负责制，要在这个基础上加强对责任追究机制的执行力度，真正落实决策责任制。

4. 规范权力运行程序

法治是规范权力运行和防止腐败的治本之策。将公共权力列入法治的范畴，强调法治对公共权力的规范与约束，是现代政治文明的基本特点，也是人类经过长期的专制统治后做出的理性选择。在现代社会，只有政府严格依照法律行使权力，并为自己的所有违法行为承担责任，真正的法治社会才能形成。这一目标的实现，首先有赖于明确划分公共权力与公民权利的边界，确立公共权力运行的边界。

（1）党政官员要率先培养法治意识。美国著名法学家伯尔曼（Harold J. Berman）说过"法律必须被信仰，否则形同虚设"[1]。必须在党政官员中培养

---

[1] （美）哈罗德·J. 伯尔曼：《法律与宗教》，梁治平译，中国政法大学出版社2003年版，第1页。

法治意识，把作为外在控制的"法"上升为发自内心遵从的信仰，最终达到法的形式约束和自我约束的有机统一。法治意识的培养包含三个内容：一是法律至上意识；二是服务意识；三是责任意识。

（2）党政官员的职权要法治化。中国（上海）自由贸易试验区外高桥综合服务大厅内的招牌写着："法无禁止皆可为，法无授权不可为，法定职责必须为。"党政官员享有法律赋予的职权，掌握相应的资源并据此拥有了可以对公共或私人资源直接干预的强制性权力。因此，必须对党政官员的职权予以明确的法律限定，以免职权滥用。实现党政官员职权法治化，必须从三个方面着手：一是职权立法，规范职权行使的边界、程序、方式、时限以及救济途径；二是执行管理，党政官员按照法律的实质要求和形式要求进行执法；三是职权监督，要通过建立有效的制约党政官员权力的机制，完善监督制度、问责制度、司法审判制度等，及时纠正滥权和肆意妄为行为。

（3）党政官员的责任要法治化。党政官员在享有法律赋予的职权时，必须承担相应的责任，这种平衡也是法治的根本要求。实现党政官员责任法治化，要明确责任的内容，依法追究责任。

（4）政府职权的范围要公开化。政府职能存在"越位""错位"和"缺位"的现象，伴随着中国改革开放的历程长期存在。一方面，政府对于市场主体过多干涉，容易产生腐败；另一方面，在环境保护、社会管理等一些需要政府监管的领域，却不能有效发挥作用，甚至出现利用职务之便在这些领域中搞利益输送的现象。因此，需要对权力实施的范围进行清晰界定。党的十八届四中全会强调，要依法推进政府的职能转变，继续大力推进简政放权，放管结合，加快建立权力清单、责任清单和负面清单，让政府真正做到"法无授权不可为，法定职责必须为"，提高行政和服务水平。权力清单的公开化意味着政府的权责范围将面对舆论的监督和审视。通过公开政府职权和权力清单，使政府在有限的、合法的、规范的范围内履行职能。

5. 重构廉政教育

现有的廉政教育模式基本上是通过自上而下的政治思想教育和学习来展开，带有明显的单向性。实践证明，这种传统的廉政教育模式很难完全奏效。尤其是在对党政领导干部的廉政教育中，有的党政领导干部在大会小会上声嘶力竭地进行说教动员和痛斥腐败行为，却将自己置于廉政约束之外，甚至最后充当"反面典型"。建议优化对党政领导干部教育的师资结构，丰富教育形式，避免简单的"上对下"的灌输方式。

（1）培养规则意识。现有的廉政教育在内容上也存在明显的缺陷：教育目标不可谓不宏大，但容易因为脱离实际而收效甚微。我们建议，对于党政领导干部而言，廉政教育首先应该着眼于培养底线的伦理层面的规则意识，这是一个文明社会中公民应该具备的基本意识；其次，应培养党政领导干部的公德心，即从事公共事务管理必须要有公德心。只有在满足这些最低要求的基础上，才有可能提出更高的目标和要求。

(2) 对公民进行廉洁教育。现有廉政治理的实践证明，完全依靠党政官员这个"关键少数"的内心信念是不够的，还应该涵盖全社会，动员全体公民。通过培养遵纪守法的合格公民，在整个社会层面培育廉洁的共同价值观，减少党政领导干部滥用权力的外部诱因，形成对党政领导干部滥用权力进行有效制约的社会压力。因此，要将廉洁教育纳入国民教育体系，作为公民教育的常规性内容。

参考文献

[1] (美) 阿诺德·J. 海登海默. 对腐败性质的分析 [M] // 王沪宁, 编译. 腐败与反腐败: 当代国外腐败的研究. 上海: 上海人民出版社, 1990.

[2] 陈东辉. 集体腐败的滋生原因与防治对策 [J]. 中国党政干部论坛, 2009 (4).

[3] 陈振明. 政策科学——公共政策分析导论 [M]. 北京: 中国人民大学出版社, 2003.

[4] 樊浩. 当前中国伦理道德状况及其精神哲学分析 [J]. 中国社会科学, 2009 (4).

[5] 何增科. 建立中国国家廉政体系——反腐倡廉体系 [N]. 检察日报, 2007-12-25.

[6] 过勇. 经济转轨、制度与腐败——中国转轨期腐败蔓延原因的理论解释 [J]. 政治学研究, 2006 (3).

[7] 过勇, 胡鞍钢. 行政垄断、寻租与腐败——转型经济的腐败机理分析 [J]. 经济社会体制比较, 2003 (2).

[8] 胡鞍钢. 转型期防治腐败的综合战略与制度设计 [J]. 管理世界, 2001 (6).

[9] 胡鞍钢. 中国: 挑战腐败 [M]. 杭州: 浙江人民出版社, 2001.

[10] 胡鞍钢. 腐败与社会不公——中国90年代后半期腐败经济损失的初步估计与分析 [J]. 江苏社会科学, 2001 (3).

[11] 胡鞍钢. 个人腐败只是系统性腐败的九牛一毛 [EB/OL]. http://www.66wen.com.

[12] 胡杨. 预防腐败的制度体系及其建设路径 [J]. 中国行政管理, 2011 (8).

[13] 黄冲. 不信腐败不除, 95.8%的网友愿与腐败持久战 [N]. 中国青年报, 2009-10-27.

[14] (新) 杰瑞米·波普. 制约腐败——构建国家廉政体系 [M]. 清华大学公共管理学院廉政研究室, 译. 北京: 中国方正出版社, 2003.

[15] 雷玉琼, 曾萌. 制度性腐败成因及其破解——基于制度设计、制度变迁与制度约束 [J]. 中国行政管理, 2012 (2).

[16] 李燕凌, 吴松江, 胡扬名. 我国近年来反腐败问题研究综述 [J]. 中国行政管理, 2011 (11).

[17] 刘金国. 再论权力腐败的法律制约 [J]. 政府论坛, 2001 (4).

[18] 刘守芬, 李淳. 新加坡廉政法律制度研究 [M]. 北京: 北京大学出版社, 2003.

[19] 刘鑫, 朱启友. 中国特色反腐倡廉建设的现实困境及路径选择 [J]. 政治学研究, 2010 (2).

[20] 龙朝阳, 田银华. 腐败行为及其治理选择——基于前景理论的研究 [J]. 公共管理学报, 2008 (4).

[21] (美) 迈克尔·约翰斯顿. 腐败征候群: 财富、权力和民主 [M]. 袁建华, 译. 上海: 上海人民出版社, 2009.

[22] (法) 孟德斯鸠. 论法的精神 (上册) [M]. 张雁深, 译. 北京: 商务印书馆, 2009.

[23] 倪星. 公共权力委托——代理视角下的官员腐败研究 [J]. 中山大学学报: 社会科学版, 2009 (6).

[24] 任建明. 我国未来反腐败制度改革的关键——反腐败机构与体制 [J]. 廉政文化研

究，2010（1）.

[25]（美）塞缪尔·亨廷顿，劳伦斯·哈里森. 文化的重要作用——价值观如何影响人类进步［M］. 程克雄，译. 北京：新华出版社，2002.

[26]（美）苏珊·罗斯·艾克曼. 腐败与政府［M］. 王江，程文浩，译. 北京：新华出版社，2000.

[27] 孙立平. 腐败生态系统的形成［EB/OL］. http://club.cat898.com/newbbs/printpage.asp?Board ID = 1&ID = 827913.

[28] 王沪宁. 反腐败：中国的实验［M］. 海口：三环出版社，1990.

[29] 王茜茹. 基层预防腐败监督机制存在的问题及立法建议［J］. 法制与社会，2014（6）.

[30] 肖金明. 完善预防腐败机构——建构国家廉政体系［J］. 山东社会科学，2009（10）.

[31] 熊光清. 当前中国的腐败问题与反腐败策略［J］. 社会科学研究，2009（5）.

[32] 吴丕. 中国反腐败——现状与理论研究［M］. 哈尔滨：黑龙江人民出版社，2003.

[33] 严维耀. 日本廉政制度建设理论与实践［M］. 北京：中国方正出版社，2004.

[34] 展江. 舆论监督的反腐败功能［J］. 中国青年政治学院学报，2007（2）.

[35] 张劲松. 论行政权力行使过程中政务公开机制的重构［J］. 学习与探索，2009（2）.

[36] 张曙光. 腐败与贿赂的经济分析［J］. 中国社会科学季刊（香港），1994（1）.

[37] 张五常. 体制与腐败［J］. 领导文萃，2000（9）.

[38] 周黎安，陶婧. 政府规模、市场化与地区腐败问题研究［J］. 经济研究，2009（1）.

[39] 祝灵君. 腐败生成、腐败传染与腐败遏制——一种博弈解释［J］. 中国行政管理，2004（2）.

第二编

经济学视角

　　本编所研究的腐败，特指以国家公务员和国有企事业单位管理人员为主体的狭义的腐败行为。从经济学意义上讲，腐败是经济人违反制度规则，利用公权牟取私利的活动，这种牟利活动损害了国家和公众的利益。从经济学角度而言，一方面，从事腐败活动的人都是追求自身利益最大化的经济人，其行为不能完全用价值或道德判断；另一方面，腐败包括权钱交易的受贿行为和侵吞公共资源的贪腐行为。

第五章 腐败的经济学研究综述

一、寻租理论

寻租理论源于20世纪70年代公共选择学派的布坎南等代表人物的探索,并为国际贸易学派、芝加哥学派引申和发展。寻租理论中的"租"是一种"经济租",一般被定义为"由于不同体制、权力和组织设置而获得的额外收益"。若某个产业中存在着高于其他产业的要素收入,在自由竞争的市场条件下,租的存在会吸引要素由其他产业流入有租存在的产业。我们所指的寻租沿用公共选择学派的定义,即布坎南所定义的,人们凭借政府保护进行的寻求财富转移而造成的浪费资源的活动。经济学认为,寻租活动是人类社会的"负和博弈",造成社会福利的净损失。主要是因为它有这些特点:一是造成了资源配置的扭曲,阻止了更有效的生产方式的实施;二是耗费了社会的经济资源,使本来可以用于生产性活动的资源浪费在对社会无益的活动上;三是导致其他层次的寻租或避租,如果政府官员在这些活动中获取了特殊利益,政府官员的行为就会受到扭曲,因为这些特殊利益的存在会引发追逐权力的非生产竞争。跑官要官、买官卖官就是这类寻租竞争。同时,利益受到威胁的市场主体也会采取行动"避租",与之抗衡,从而耗费更多社会经济资源。① 寻租理论的分析,其初衷是要揭示在存在寻租活动的情况下,有多少社会资源被用于非生产性的寻租活动,导致资源配置的低效率。在经济学上,有人把腐败也定义为寻租活动。寻租问题涉及权力的作用、滥用权力和化公为私,寻租理论也常常被政治学者和行政学者当作分析工具,并据此提出预防和遏制腐败的方法。

---

① 参见李健《西方寻租理论探析》,载《经济学家》1999年第4期,第88～92页。

二、经济人理论

传统经济学认为，个人是寻求促进自己私利的经济人，并用这一经济人原理分析以各种方式参与市场的人们的行为，以及各种市场制度本身的作用。他们假定政府活动是非生产性的，并没有将经济人原理运用于政治活动的分析中。① 我们在对腐败的定义中已经提到，每一个人都是有着利己心理的"理性经济人"，包括政府官员和公共代理人，他们随时随地都追求着自身利益最大化。

公共选择学派认为，政治市场中的个人与经济市场中的个人是一致的，政治活动的参与者同样具有追求自身利益最大化的动机。集体行为中存在以个人为决策单位的行为，政治活动中存在与市场类似的交易行为，经济学的分析方法同样适用于对人们在政治活动中的行为的分析。②

新制度经济学对经济人的理性行为做了进一步的分析，认为现实中存在不完全信息，个人很难获取所有信息从而实现完全理性，因而人是有限理性的。同时，人还有机会主义的倾向，信息不对称可能带来人的机会主义行为。因此，并不存在完全理性的决策制定。③

道格拉斯·诺斯（Douglass C. North）构建了国家理论，认为国家为了征税，把征税者作为代理人，从而出现委托代理问题，国家的垄断租金可能被代理人所消耗。

加里·贝克尔（Gary S. Becker）则认为，资源稀缺情况下产生的资源分配与选择问题，均可以纳入经济学的范围；并将经济学的分析框架，包括最大化自身利益，应用到更加广泛的人类行为的分析中，包括竞选、法律等政治行为和婚姻等社会行为。④

根据马斯洛的心理学说，人的欲望是多样的、无穷的，满足层次是递进的，但用以满足欲望的手段或资源是有限的。这种矛盾就构成了腐败的动力来

---

① 参见（美）布坎南《自由、市场与国家》，吴良健、桑伍、曾获译，北京经济学院出版社1988年版，第36页。
② 参见（美）布坎南《自由、市场与国家》，吴良健、桑伍、曾获译，北京经济学院出版社1988年版，第36页。
③ 参见（美）埃里克·弗鲁博顿、（德）鲁道夫·芮切特《新制度经济学：一个交易费用分析范式》，姜建强、罗长远译，上海人民出版社2006年版，第4页。
④ 参见（美）加里·贝克尔《人类行为的经济分析》，王业宇、陈琪译，上海人民出版社1995年版，第7页。

源。在市场经济条件下，经济人追求自身利益最大化的欲望被空前激发；而由于国家尚处于生产力较为落后的阶段，满足人们物欲的资源还不丰富，政府官员和公共代理人的工资水平受国家预算的约束，其增长不能超过国家和纳税人的承受力，因而增长程度受限，与那些得益于政策而致富的人的收入存在明显差距。这使得行为人的心理产生巨大的落差，导致其对腐败的心理成本大为下降。随着腐败未被发现的次数增多，心理成本不断递减，预期净收益不断扩大，腐败的欲望也就越来越强烈。

三、成本—收益理论

成本—收益分析法分析腐败的模型主要有微观的供给与需求模型、博弈模型等。腐败的供给与需求模型的相关研究指出，腐败的需求取决于腐败的净效用，即腐败预期收益与预期价格之间的差额，当腐败的净效用越大，对腐败的需求越大；腐败的供给是由腐败的预期净收益决定的，预期净收益是预期收益与预期成本的差额。经济转型时期腐败的供给大于在市场经济体制下的供给，使得腐败的活动量增加。[①]

腐败的成本—收益博弈模型指出，官员选择是否腐败，主要考虑期望收益与成本的大小，当期望收益大于成本时，官员就会腐败。胡鞍钢通过成本—收益决策树模型分析了底层腐败问题，研究不确定性状态下腐败行为发生的临界点，主要看腐败的诱因与成本之间大小的比较。[②] 腐败的期望收益等于腐败收益乘以不被查处的概率与处罚损失乘以被查处概率之和，腐败的成本由腐败降职后薪金的损失和处罚两部分构成。[③] 本课题的研究主要使用后一种方法。

四、腐败对经济发展的影响研究

很多经济学家认为，腐败行为作为经济系统运行过程中的"砂石"，会对经济发展产生不良影响。如果私人企业将大量的资金用于贿赂政府官员以获取相关投资项目，那么则意味着，与生产性投资相比，在寻租上支出的资金效率更高。腐败导致了更低的经济增长，因为整个国家有才能的人都去从

[①] 参见盛宇明《腐败的经济学分析》，载《经济研究》2000年第5期，第56～57页。
[②] 参见胡鞍钢、过勇《公务员腐败成本—收益的经济学分析》，载《经济社会体制比较》2002年第9期，第36～39页。
[③] 参见郑利平《腐败成因的经济理性与预期效用的论析》，载《中国社会科学》2001年第1期，第91～99、209页。

事寻租活动。Mauro 第一次采用实证方法研究腐败与投资、经济增长之间的关系。他利用 58 个国家的跨国数据进行计量检验，结果显示，腐败与投资、经济增长率之间呈现显著的负相关关系。[1] 进一步地，Mauro 在一个包括 100 多个国家、时间跨度为 1982—1995 年的大样本研究中发现，腐败程度每增加 2 分（总分为 10），GDP 会下降 0.5%，而投资会下降 4%，并且公共投资领域也会受到影响；腐败程度增加 2 分，交易支出则下降 0.5%。[2] 世界银行的研究发现，贿赂行为高发且不能预测的国家，投资率仅相当于那些低腐败程度国家的一半。[3] 此外，腐败行为也会增加收入不均等的程度。[4] Kaufman 等则在一个基于 69 个国家的跨国研究中发现，腐败程度的增加会导致地下经济的增加，从而使政府税收收入降低，造成政府低效和职能缩减。[5]

但是，也有学者认为腐败是经济运行中的"润滑剂"。经典的论述是 Huntington 等给出的，即"唯一比一个有着僵化、过度集权且不诚实的官僚体制的社会更坏的，是有着官僚体制僵化、过度集权且诚实的官僚体制的社会"[6]。也就是说，如果政府是僵化、过度集权的，那么，不诚实（腐败）的官僚制度要比诚实（不腐败）的好。Leys 则指出，在大多数发展中国家，腐败应该被视为将社会紧密联系起来的不可或缺的工具。[7] Becquart-Lclerq 进一步指出，腐败的功能是直接参与政权的替代方式，不同的团体能够通过腐败参与到公共资源再分配中，而不是被排除在外。[8] Werner（1989）认为，腐败能够通过提高额外收入，从私人部门中吸引能力更高的雇员，从而改善官僚机构的质量。

---

[1] 参见 Mauro P. Corruption and growth. *Quarterly Journal of Economics*, 1995, 116 (3), pp. 1329 – 1372.

[2] 参见 Mauro P. Why worry about corruption?. *Imf Economic*, 1997, pp. 1 – 15.

[3] 参见世界银行《1997 年世界发展报告：变革世界中的政府》，蔡秋生译，中国财政经济出版社 1997 年版，第 103 页。

[4] 参见 Gupta S, Davoodi H, Alonso-Terme R. Does corruption affect income inequality and poverty?. *Economics of Governance*, 1998, 3 (1), pp. 23 – 45; Ades A, Tella R D. The causes and consequences of corruption: a review of recent empirical contributions. *Ids Bulletin*, 1996, 27 (2), pp. 6 – 11; Mauro P. The effects of corruption on growth, investment, and government expenditure: a cross-country analysis. *Institute for International Economics*, 1997.

[5] 参见 Friedman E, Johnson S, Kaufmann D, et al. Dodging the grabbing hand: the determinants of unofficial activity in 69 countries. *Comptes Rendus Mathematique*, 2006, 342 (9), pp. 671 – 674.

[6] Huntington S P, Fukuyama F. Political order in changing societies. *Foreign Affairs*, 1968, 63 (3), pp. 149 – 152.

[7] 转引自 Mancuso M. Political Corruption: a handbook. *Cunadian Jurnal of Political Science*, 1989 (22).

[8] 转引自 Mancuso M. Political Corruption: a Handbook. *Canadian Journal of Political Science*, 1989 (22).

政府的腐败行为可能导致执政的合法性受到质疑,影响其执政的效率。强恩芳对行政执行和行政执行力之间的关系进行了分析,总结了当前我国行政执行的特点,同时剖析了当前政府执行力不足的原因,指出公共行政的目的就是通过官员和职员对资源的处置,实现资源最有效利用。① 行政执行从根本上讲,是政府对社会利益进行的权威性再分配,如果行政执行不到位,政府的权威就会受到损害,甚至会损害政权的合法性。当前执行力不足的原因有:第一,执行主体追求官本位和寻租;第二,地方政府的自由裁量权过大;第三,监督有缺陷;第四,财权事权不对等。Mitchell A Seligon 就腐败行为和民众对执政合法性信念之间的关系,对4个拉丁国家进行实证研究。其结果显示,腐败行为会败坏民众对政治体系的信任和人际信任,这一结果独立于社会经济环境、人种以及政治身份等条件之外,表明腐败会带来较为昂贵的政治成本。②

一般认为,寻租行为导致的资源配置扭曲以及对投资的挤出效应,是其对经济增长产生负面影响的两个主要途径。邵帅、齐中英从"资源诅咒"理论出发,对西部地区能源开发与经济增长之间的相关性及传导机制进行计量检验,发现实施西部大开发后,能源开发对科技创新和人力资本投入的负向作用有增强,导致"资源诅咒"效应。能源开发"挤出"了科技创新和人力资本投入,滋生了寻租腐败,从而阻碍了经济增长。③ 薛白、赤旭构建了"两要素、三部门"的寻租模型,结果显示,在弱制度环境和消极政府的条件下,土地财政占财政收入的比重与经济总产出呈反向关系;寻租的挤出效应是导致土地财政和经济增长成反比关系的主要原因。④

腐败行为加大了收入不均的理论在我国得到印证。王小鲁在分析灰色收入来源时指出,公共资金漏失、金融腐败、行政权力腐败、土地收益流失和垄断是灰色收入的重要来源。⑤ 陈准通过构建政府、扶贫机构、贫困户、非贫困户的博弈模型,说明在信息不对称条件下非贫困户有动机与扶贫机构合谋获得扶贫资源。他提出应加强扶贫监督,对扶贫人员实行"裁员加薪,高薪养廉",

---

① 参见强恩芳《我国当前的行政执行与政府执行力研究》,载《行政与法》2008年第1期,第11~14页。

② 参见 Mitchell A Seligson. The impact of corruption on regime legitimacy: a comparative study of four latin american countries. *Journal of Politics*, 2002, 64 (2), pp. 408 - 433.

③ 参见邵帅、齐中英《西部地区的能源开发与经济增长——基于"资源诅咒"假说的实证分析》,载《经济研究》2008年第4期,第147~160页。

④ 参见薛白、赤旭《土地财政、寻租与经济增长》,载《财政研究》2010年第2期,第27~30页。

⑤ 参见王小鲁《灰色收入与居民收入差距》,载《中国税务》2007年第10期,第48~49页。

以减少扶贫中的寻租行为。①

但在微观层面，政企关系对企业绩效的影响尚待探讨，显示出潜在的寻租行为对企业绩效的影响尚存争议。余明桂等以民营企业为样本，分析与地方政府建立政治联系的企业是否比无政治联系的企业获得更多财政补贴。结果发现，一是政治联系能增加补贴，且制度环境越差的地区补贴效应越强；二是与地方政府建立政治联系的民营企业，其获得的财政补贴与企业绩效、社会绩效负相关，地方政府给予有政治联系者的财政补贴扭曲了稀缺资源的有效配置。②李捷瑜、黄宇丰研究了转型经济中企业增长与贿赂的关系，在控制了企业、行业、制度和宏观经济的相关因素以及遗漏企业隐含特征所造成的内生性问题后，发现企业的贿赂与增长间存在显著的正向关系，贿赂能够通过降低官员掠夺或帮助企业获得资源的方式促进企业增长。③而罗党论、应千伟以2004—2007年上市公司中的制造行业为样本，实证分析官员视察与企业绩效之间的关系。其结果显示，官员视察对企业的绩效有显著的积极影响；并且，官员视察对民营企业的绩效影响要比国有企业更显著，制度不完善的地区企业绩效受官员视察影响更大。④

五、广东经济转轨与腐败治理的三大阶段划分

20世纪70年代末开始，在改革开放政策的指引下，中国社会开始了一次意义深远的新的社会转型。这次转型的实质概括而言，就是从传统的计划经济向市场经济的过渡。⑤在我国的经济转轨中，主要倾向于遵循"干中学"的经验主义哲学，即邓小平所说的"摸着石头过河"，在发展的过程中不停地进行制度创新，并保证制度的有效衔接。因此，"转轨发展"是对1978年以来我国经济运行特征的一个总的概括——"在转轨中发展，在发展中转轨"，既是消除阻碍经济发展的体制障碍和加快摆脱贫穷落后状况的实际需要，也是在总

---

① 参见陈准《农村扶贫中的"非贫困户"寻租现象分析》，载《安徽农学通报》（下半月刊）2011年第10期，第12～14页。

② 参见余明桂、回雅甫、潘红波《政治联系、寻租与地方政府财政补贴有效性》，载《经济研究》2010年第3期，第65～77页。

③ 参见李捷瑜、黄宇丰《转型经济中的贿赂与企业增长》，载《经济学》2010年第3期，第1467～1484页。

④ 参见罗党论、应千伟《政企关系、官员视察与企业绩效——来自中国制造业上市企业的经验证据》，载《南开管理评论》2012年第5期，第74～83页。

⑤ 参见张宇《过渡之路》，中国社会科学出版社1997年版。

结我国多年建设实践经验基础上，对发展路径所做出的战略性调整和选择。①

对经济发展阶段的划分及其特征的认识，国外大致可以分为四类观点：第一类是从总量水平出发；第二类是从结构主义出发；第三类是综合主义的观点，即综合考量总量水平和结构特征；第四类为一些其他的经济阶段的划分标准，如国际关系、人与自然相互竞争的关系等。② 划分我国经济发展的阶段，必须充分考虑"经济转轨"这一重要特征。吴敬琏从中国经济改革的渐进主义的角度，按照中国经济改革战略，把改革划分为两个大的阶段：1978—1991年的增量改革阶段和1992年以来的整体推进阶段。③ 赵旻认为，我国经济社会转轨发展过程大致需要经历改革探索和扩张供给阶段（1978—1991年）、社会主义市场经济体制框架建设和经济高速成长阶段（1992—1997年）、改革巩固攻坚和经济结构全面调整阶段（1998—）与未来的转轨发展阶段（即市场化体制的成熟完善和社会经济协调发展阶段）。④ 景维民认为，中国经济转型的目标是建立混合经济，同时他把中国经济转型划分为准备阶段、启动和正式推进阶段以及深化和完善阶段。⑤ 武力从中国共产党直接领导和推动的角度，将其分为三个阶段：第一阶段，1978年党的十一届三中全会到1992年以前；第二阶段，1992年党的十四大到2002年以前；第三阶段，2002年党的十六大至今。

从一些国家的发展进程看，经济体制迅速转变、社会结构激烈变革的转型时期，往往是腐败现象的高发期。18世纪的英国、19世纪的美国、20世纪60年代的韩国和20世纪末叶的俄罗斯等都曾出现过腐败现象高发的情况。⑥

本研究综合考虑经济转轨、腐败特性和反腐举措的阶段性特征，将改革开放以来广东的经济制度变迁划分为三大阶段。

第一阶段：增量改革阶段（1978—1992年）。1978年，党的十一届三中全会确定了以经济建设为中心的基本路线。面对长期"左"的思想和传统计划经济体制的束缚，中国试图对公有制和计划经济体制进行修正与优化。这一

---

① 参见赵旻《论我国经济转轨发展的四个阶段》，载《经济学动态》2003年第3期，第4～8页。

② 参见梁炜、任保平《中国经济发展阶段的评价及现阶段的特征分析》，载《数量经济技术经济研究》2009年第4期，第3～18页。

③ 参见吴敬琏《当代中国经济改革》，上海远东出版社1999年版。

④ 参见赵旻《论我国经济转轨发展的四个阶段》，载《经济学动态》2003年第3期，第4～8页。

⑤ 参见景维民《经济转型的阶段性演进与评估》，经济科学出版社2008年版。

⑥ 参见周淑真、聂平平《改革开放以来我国腐败状况透视和反腐败战略思路的变迁》，载《浙江社会科学》2009年第1期，第56～61页。

阶段从"解放思想、实事求是"开始，实施了开放搞活、放权让利、放手探索等主要措施，在运用市场机制、发展其他经济成分和引进外资的同时，搞好搞活公有制经济。1988年之后，私营企业获得宪法的保护，开始长足发展。这是经济转轨的准备阶段，即以引入商品经济和市场机制为主要内容的经济改革，但改革不涉及行政体制改革，还没有明确提出一个基于市场经济体制的总体框架。由于工作重心向经济建设转移，经济体制向商品经济的转变以及对外开放，一些干部开始追求享乐主义、利己主义，在生产资料和金融信贷、外汇管制等领域以寻租为目的的腐败犯罪变得猖獗。

第二阶段：全面实施体制转轨阶段（1992—2002年）。这一阶段以邓小平南方讲话和党的十四大为重要发端，提出中国经济体制改革的目标是建立和完善社会主义市场经济体制，这是我国正式向市场经济体制转轨（所谓经济转轨，指的是用现代市场经济体制来代替原有的计划经济体制，增加经济的自由度）的重要标志。[①] 在这一阶段，政府加快了生产资料价格并轨的步伐，消费市场和生产资料市场基本确立，经济改革转向生产要素市场。[②] 由于经济转型带来了大量的腐败机会，出现党政军机关经商热、开发区热、房地产热等现象，政府官员腐败的动机也逐渐加强，"官商勾结"问题在这一时期大量出现。

第三阶段：改革攻坚阶段（2002年至今）。以2002年党的十六大召开为标志，我国的经济改革又进入一个新的历史时期，以全面建设小康社会为目标，在尚不完善的市场经济基础上，通过深化改革调整各种经济关系。这一阶段的腐败开始出现团伙犯罪，工程建设、房地产开发、环境保护等领域成为腐败"重灾区"，犯罪手段也日趋复杂化、隐蔽化。

---

① 参见过勇《经济转轨、制度与腐败》，社会科学文献出版社2007年版。
② 参见马海军《转型期中国腐败问题比较研究》，知识产权出版社2008年版。

第六章 腐败的基本经济学分析

在经济转轨的大背景下，只有厘清腐败发生的机理，找到腐败滋生的源头，才能找到腐败治理与制度改革的方向。传统经济学假设所有经济人都是完全理性的，追求利益的最大化，这个利益的最大化就是财富的最大化。而现实中人的行为可能还有一些非财富的动机的需求，如名利、地位，以及获取荣誉的心理需求等。每一个政府官员和公共代理人都是有着利己心的"理性经济人"，他们具有关于自身所处环境、资源的偏好排序，随时随地都追求自身利益最大化。这里所说的利益，既包括可以用货币衡量的财富，也包括诸如升官、名誉等非货币财富。因此，使用传统的古典经济学分析方法已不足以解释腐败的发生机理。本章基于制度经济学理论和成本—收益分析方法，探讨腐败发生的经济原理。新制度经济学更注重对经济人个人的分析，把个人在既定环境中的选择和动机原因作为解释重点。任何人都无法摆脱"经济人"属性，在既有的资源条件下，作为经济人的官员会通过腐败成本与收益的比较做出是否腐败的"理性"选择。

一、腐败成本分析

1. 腐败成本的界定

腐败成本是腐败行为人在从事腐败活动时所需要付出的代价。从新制度经济学的角度，腐败成本就是腐败行为的交易成本。传统经济学的关注重点是生产什么、如何生产、生产多少的问题，生产成本和收益是分析经济问题的基础。新制度经济学在传统生产成本之外引入交易成本进入经济分析中。经济系统运行所要付出的代价就是交易费用，这是交易成本的内涵。官员腐败行为中的每一次与行贿者或其他主体的交易就是腐败行为的基本单位，在每一次腐败交易中，参与人要付出时间、精力，要进行权钱交换的谈判，要承受心理压力和处罚风险，等等，这些由腐败参与主体承担的交易成本就是腐败的成本。成本按其承担对象可分为个人成本和社会成本，本章重点分析腐败参与人个人的成本。

2. 腐败成本的类型

对腐败行为双方来说，腐败的交易成本包括对腐败对象和信息的搜寻成本，与交易对象进行信息交换的信息成本，与腐败交易对象谈判的议价成本，进行腐败行为的决策成本，以及监督整个过程的监督成本，等等。从对腐败参与人的影响角度，腐败成本可分为直接成本、间接成本、机会成本和风险成本；从腐败发生的时间，腐败成本又可分为事前、事中、事后和沉没成本。直接成本主要包括财力投入和物力投入，用以掩人耳目的费用以及时间、精力的支出。[①] 在腐败发生之前，有意行贿的人搜寻腐败对象、收集信息的成本是行贿人的直接成本；而对官员来说，鉴别行贿人的信息，以及在贪腐过程中与交易对象议价、谈判、履约的成本就是官员腐败的直接成本。间接成本主要包括心理成本和为家庭、亲友带来负面影响的成本。[②] 心理成本包括对自身道德观念的改变、随时被发现而受到法律制裁的心理恐慌、名誉受到损伤的心理疲劳等。[③] 机会成本是在实施腐败行为过程中，如果放弃腐败行为而从事其他合法活动所能获得的最大收益。这包括个人被查处前的合法收入、在任时拥有的灰色收入和特权等。[④] 风险成本是在一定的体制、法规环境下，腐败行为暴露会招致的处罚。处罚不严厉或被发现的低概率会使腐败的风险成本降低。直接和间接成本贯穿腐败行为的始终，并可能在腐败发生后转化为沉没成本；机会成本主要在事前和事中发生，风险成本是事后成本的重要组成部分。事后成本还来自腐败案件的事后羁留效应，主要是腐败被曝光后的社会舆论影响。

3. 腐败成本形成的主观因素

官员腐败的成本既取决于其个人意识，也受制于制度等客观因素。腐败的成本有主观和客观两大来源，其中主观因素是人的有限理性和机会主义行为倾向，客观因素主要是资产专用性、不确定性和交易频率所决定的客观环境。每一位官员都接受过思想道德教育，面对法纪的禁止和制裁，为什么依旧会发生腐败现象呢？这要从官员的经济人行为特征说起。新制度经济学对人的行为特征提出了有限理性和机会主义倾向等假设。有限理性是指个体的知识、预见、技能和时间都是有限的，这些限制阻碍了个体完全理性的行动。机会主义指经

---

① 参见张鹏《我国公务员集体腐败问题研究——基于过程模型的视角》，载《政治学研究》2011年第5期，第67～73页。

② 参见郭东《理性犯罪决策——成本收益模型》，载《广西社会科学》2007年第8期，第84～88页。

③ 参见张鹏《我国公务员集体腐败问题研究——基于过程模型的视角》，载《政治学研究》2011年第5期，第67～73页。

④ 参见王哲敏《我国转型时期腐败现象的经济学分析》（学位论文），吉林大学2006年。

济活动参与者背信弃义、合同欺诈、逃避责任、规避法律、钻空子的意愿。有限理性和机会主义行为构成了腐败成本的主观因素。一是有限理性降低心理成本。官员受过良好教育，应具有较高的道德情操和职业素养，却参与到腐败中，这就说明官员的理性是有限的。有限理性来自他们自身的知识、认知能力的局限，以及来自面对腐败超额收益的诱惑时对处罚后果的忽视。心理成本的大小，一方面来自行为人自身的承受能力和抗压程度，另一方面来自社会监督力度和腐败行为曝光的名誉损失程度。在媒体和社会舆论监督不强的情况下，腐败的心理成本比较低，或者说这些成本更加隐形，经济人实施腐败行为时感受不到其存在。目前，贪腐案件的事后羁留效应不大，腐败行为曝光后，社会舆论约束软化，甚至某些腐败者反而被视为"能人"而被个人或企业聘请服务，这些会降低腐败行为人的心理成本和事后成本，强化他们无视腐败恶果的有限理性选择。二是信息不对称诱导机会主义行为。腐败中的"机会"主要源于信息不对称和人与人之间的相互依赖性。不够完善的法律法规是信息不对称的来源，技术过程、制度设计没有实现公开化、透明化是信息不对称的主要表现；越来越细化的社会分工和对资源一定的垄断权力加强了官员与行贿者之间、官员与官员之间的相互依赖性，监督者与被监督者相互勾结，互保绩效和晋升，对权力寻租者的执法力度之低、腐败发生的频率之高，也验证了这种依赖性之强。政府与群众、行政机关和监督机构间的信息不对称，使得在公共权力行使过程中有漏洞可钻，监督成本增高，监督难度加大。我国经济转轨中信息不对称的制度来源主要由经济转轨不完全、分权化、私有化和经济全球化组成。经济转轨不完全、不彻底，价格"双轨制"等就会滋生腐败。分权化过程中，"三乱"和"小金库"，以及行政审批中的自由裁量都是滋生腐败的温床，产权制度改革、私营经济发展和国有资源出售等过程都可能存在腐败。经济全球化进程中，外商投资、进出口贸易以及国际人员交往的有限制放开，都为腐败提供了制度的空当。

经济转轨中制度和腐败形成的关系见表6-1。

表6-1 经济转轨中制度和腐败形成的关系

类型	改革措施	结果	对腐败供给的影响（针对公职人员）	对腐败需求的影响（针对行贿者）	产生腐败的领域
经济转轨不完全	价格"双轨制"	保留政府的部分垄断权力	将计划经济体系中的资源转移到市场中	拿到指标，通过倒买倒卖牟利	紧缺物资、贷款、外汇等
	市场准入	实行有限市场经济	行政审批，控制市场准入	为了进入市场而行贿	行政审批，个人和亲属经商

续表 6-1

类型	改革措施	结果	对腐败供给的影响（针对公职人员）	对腐败需求的影响（针对行贿者）	产生腐败的领域
分权化	财政分权化	财政收入与支出存在矛盾	通过乱收费、乱集资、乱罚款等手段弥补财政缺口，设立"小金库"	通过给"好处费"减少受剥夺	市场和社会管理、公共资金使用
分权化	行政分权化	财政拨款	掌握拨款权限	通过行贿获得财政补助	公共资金管理
私有化	产权制度改革	国有资产私有	规避拍卖	利用行贿侵占国有资产	国有资产变卖
私有化	产权制度改革	国有企业混合所有制改革	规避程序	通过行贿联系业务	企业改制
私有化	产权制度改革	公司上市	控制上市名额	为了上市融资而行贿获得上市名额	股份制改造和公司上市的审批
私有化	私营经济发展	新经济主体出现	利用市场监管和资源配置权牟利	作为政治上的弱势群体，希望利用行贿获得资源和保护	市场监管和资源配置
私有化	国有资源开发	市场资源配置	利用土地和矿产资源开发审批权牟利	通过行贿，低价获得土地等资源，牟取暴利	土地等资源出让和行政审批
经济全球化	外商投资	引用外资	利用行政审批权搞"吃拿卡要"	行贿以获得优惠政策	外商投资审批
经济全球化	进出口贸易	扩大对外贸易	利用行政审批权搞"吃拿卡要"	行贿以获得减免税、进出口配额	外贸、进出口配额等的审批
经济全球化	进出口贸易	走私	支持走私贩私	行贿走私，牟取暴利	打击走私贩私
经济全球化	国际人员交往有限制放开	加大人员对外交流	出境审批牟利	希望通过非法渠道办理出境手续	出入境审批

在上述制度的漏洞下，由于政府、群众和监督机构间的信息不对称，政府官员利用权力干预资源配置，打着弥补"市场失灵"的旗号，使其腐败甚至成为制度性安排。

4. 腐败成本的客观因素

除了主观的有限理性和机会主义，官员的腐败成本也来自客观环境的各种因素。我国公务员等级众多、数量庞大，信息获取和全面监督成本高，这使得腐败行为的曝光率和处分率低；经济转轨过程中许多制度仍有待建立和完善，腐败处罚主要依据腐败金额，这些为隐藏非法收入、规避处罚提供了渠道；级别越高的官员权力越大，却不易被监督，这些都是影响着腐败成本的客观因素。从新制度经济学的思路出发，决定腐败客观成本的主要维度是不确定性程度、资产专用性和交易频率。

一是产权不明晰降低直接成本。影响腐败成本的一个重要的客观维度是不确定性。客观的不确定性主要是指交易环境的不确定性。具体包括未来市场状况、法律法规变化情况、交易产品的质量等因素。经济转轨过程中的制度不完善就是腐败行为面临的最大的不确定性，其中，国有产权不明晰大大降低了腐败的直接成本。政府以全民代表的身份拥有绝大多数资源，名义上个人和企业都对应一份全民资产，但事实上都无法进行处置和收益，只有政府官员或指定的代理人才能行使产权。改革中微观主体形成独立的利益主体之后，会发现争取在公共领域产权不明晰的资源中所获得的利益比进行正常的生产经营活动更多，这样一来寻租现象就出现了。这种寻租活动无须面向整个国家，只需对国有资源的代理人进行，不必向产权所有者支付相应的货币价值量，只需向代理人支付一定的货币价值量。对官员来说，运用手中的公共权力收取贿赂并不需要额外的经济投入，其腐败行为常通过工作职权实施，参与腐败的双方只需付出极小的腐败直接成本。同时，公共代理人也可以通过其对资源的直接掌握，采用较为隐蔽的方法侵吞国有资产。

二是资产专用性与沉没成本。为什么官员一旦开始腐败，就一发不可收拾，且涉案数额惊人？这来自于腐败投入的沉没成本。资产专用性决定了某些成本一旦投入到交易之中，就成为沉没成本，很难转移到其他用途上。官员掌握的资源和权力因其地域的相对固定、物质资产的积累、人力资本的训练、契约制定的习惯等因素在多年的积累下形成资产专用性，几乎无法转移到其他领域。他们对自己职能范围内的权力掌握熟练、专用性强，如土地部门对土地资源的考量和审批权力、教育部门对经费的分配划拨等。他们在日常工作和腐败行为中投入的财力、物力、人力资本越多，资本专用性越强，沉没成本越高。同时，交易频率越高，就越易产生"输不起、撤不走"的心态，陷入"行贿

—受贿—行贿"等腐败形式的恶性循环。

三是腐败处罚不严厉弱化风险成本。不确定性的另一个表现就是腐败的风险成本不确定。腐败行为暴露会招致的处罚是所有腐败的交易主体都面临的风险成本。这种不确定的风险成本，一方面取决于腐败行为被揭露的概率，另一方面取决于法律规定的处罚形式和数额。从当前来看，以下情况降低了腐败成本：第一，反腐机构效率不高。第二，腐败黑数大，揭露概率低，风险成本降低。国际上采用"腐败黑数"来衡量从事或涉及腐败公务员中没有受到查处的比例。它指的是腐败确已发生，由于各种原因未被发现，或虽经调查但未被惩处，因而没有统计到腐败案件中的腐败公务员数量占所有腐败公务员总数的比例。胡鞍钢等认为，中国的"腐败黑数"保守估计为80%以上。[①] 第三，机会成本小，腐败处罚低。腐败处罚由两部分组成，一部分是由于腐败暴露而失去的机会成本，另一部分来自相关法律法规的处罚。我国目前还没有反腐败法，关于贪腐行为的法律刑罚主要来自《中华人民共和国刑法》（简称《刑法》）第八章。《刑法》的犯罪金额只规定到10万元人民币，对于巨额贪腐的惩罚没有明确规定，对于"情节特别严重"没有数额上的明确定义，使得巨额贪腐的公务人员承受的风险成本停留在贪腐10万元的水平，有可能会刺激继续或更大胆腐败的动机。

二、腐败收益分析

1. 腐败收益的界定和类型

腐败收益是指官员通过腐败行为获取的部分私人利益。官员拥有对某些公共资源的配置进行干预的权力，这是政府处理公共事务、提高社会福利所需要的。当官员出于自身利益考虑时，这样的权力又可以为其带来利益。腐败收益是官员利用职权从他人或者国家那里非法获得的。从形式上看，它包括直接贪污、盗窃、侵占国家财产，间接收受的贿赂，肆意用权，肉欲的满足和关系资本的积累，等等。因此，腐败收益可以分为经济收益和非经济收益。其中，经济收益包括现金和现金等价物如信用卡、有价证券以及实物设施等，非经济收益包括优先获取信息以及在权、色、荣誉等方面获得的心理满足等。

2. 腐败收益的主观因素

腐败收益的主观因素包括两点。一是个人利益与社会公共利益不一致。官

---

① 参见胡鞍钢、过勇《公务员腐败成本—收益的经济学分析》，载《经济社会体制比较》2002年第4期，第33～41页。

员在追求自身利益的同时，可能会损害公共利益。在这种情况下，激励和监督制度的设计就尤为重要。激励制度可以让官员的利益与公共利益一致，从而"不想腐、不愿腐"；监督制度可以控制官员的机会主义行为。公共选择学派认为，政治市场中的个人与经济市场中的个人是一致的，政治活动的参与者同样具有追求自身利益最大化的动机。在政治市场中，官员拥有权力这种特殊的产品，可以用来交换其他产品。然而，社会公共利益最大化与个人利益最大化的选择往往是不一致的，从而使官员产生以权力换取个人利益的行为。二是任期绩效与机会主义。经济学中典型的委托—代理问题存在于企业所有者与经理人之间：所有者的目标在于企业的收益最大化，更加关注企业的长期绩效；而经理人的行为则是最大化自身的收益，由于薪酬更多与企业的短期表现相关，因而更加注重企业在短期内的表现，甚至利用所有者对于企业信息的不完全掌握，侵占企业资产。官员处于代理人的地位，相对于一般民众，在公共决策中拥有更多的信息。一方面，对官员的绩效考核如同对职业经理人的考核，关注的是在职期间创造的效益，这使得有限理性的官员更关注眼前的短期收益，特别是任期内的业绩创造，而忽视长远利益；另一方面，在信息不对称的前提下，由于监管的有限性，同时对官员的所有行为都进行监督的成本过高，从而使官员可以进行机会主义行为。因而，需要增加政府透明度，从而减小信息不对称的程度，减少官员腐败的可能性；要健全管理和监督等制度，减少官员腐败的途径；采取适当的激励，使得官员的利益与公共利益趋于一致。

3. 腐败收益的客观因素

腐败收益的客观因素包括两点。一是政府干涉市场带来寻租空间。"市场的失效"客观上要求政府在一定限度内掌握必要的经济资源，这就使得权力与资源的结合具有一定的必要性与合理性。当政府干预市场的程度超过政府对市场应有的保护程度时，也就是政府直接大量地用行政手段干预市场时，就会产生寻租行为。二是激励不足引发设租。除了为获得已经存在的租金进行寻租，官员还可以通过设租的方式谋求个人利益。控制某种要素的供给弹性，从而带来非生产性利润，这个过程就称为设租。设租与寻租的区别在于，设租不是由制度环境造成，而是官员主动的行为。改革开放以来，权力逐步下放，官员拥有了更多的影响资源配置的权力，也更有可能通过设租影响资源的供给弹性并获取利益。

三、腐败决策的成本—收益分析

1. 成本—收益比较方法

当腐败的成本小于腐败带来的收益时，作为理性经济人的官员就会"理性地"选择腐败行为来获取高额收益。同时,在监督成本高昂的条件下,腐败不易被发现;腐败行为的成本低,腐败的活动量必然会大增。只有当腐败成本大于腐败收益时,才能遏制腐败行为的发生。综上所述,经济人追求利益最大化的动机构成了腐败的动力基础,国有资源产权不明晰构成腐败的诱致性因素,政府对市场的过度干预是造成腐败的制度根源,经济转轨中的制度漏洞造成寻租行为的低成本、高收益,刺激了腐败的供给和需求,正是这些经济因素构成了我国腐败的经济性根源。

2. 腐败影响因素的实证检验

本章所使用的数据由本课题组调研并整理得出。案件资料来自广东省清远监狱,所有案件都是广东省内判决的,案件发生地分别为广州、韶关、深圳、云浮、珠海、茂名、东莞、佛山等市,所有案件判决结果都是有期徒刑。调研数据统计描述见表6-2。其中,腐败所得金额是所有腐败案件非法所得的总和,腐败收益是选取腐败的犯罪所得金额来直接衡量;罚金包括了不同罪名的罚金总和;查处时间差是犯罪官员第一次犯罪发生的时间与判决时间的距离。

表6-2 调研数据统计描述

分析	腐败所得金额(元)	原判刑期(年)	罚金(元)	查处时间差(年)
平均值	2 309 268	8.939	216 393	7.472
标准差	4 196 426	4.408	687 536	3.836
最小值	40 000	2	0	0
最大值	29 116 000	20	5 800 000	18
观测数	54	76	79	53

第一种腐败成本:选取刑期/腐败所得金额,属于腐败的间接成本,刑罚程度的高低决定了成本的高低,所以用单位腐败所得金额带来的刑期来衡量这种惩罚的程度。第二种腐败成本:选取罚金/腐败所得金额,属于腐败的直接成本,是腐败被查处带来的货币成本,这里用单位腐败受的罚金来衡量这种经济惩罚的程度。不确定性:选取查处时间差/腐败所得金额,假设查处时间差是犯罪官员可以预期到的,时间差越小,说明查处的可能性越大,因而可以用以表示不确定性。

表6-3的控制变量选取了官员的职务级别、文化程度和犯罪年龄,用以说明不同级别、文化程度和年龄的风险偏好程度;同时选取了是否具有贪污和受贿以外的其他罪名,用以说明其他可能带来犯罪金额较大差异的犯罪方式。

表6-3 控制变量描述统计

分析	其他罪名	职务级别1	职务级别2	文化程度1	文化程度2	犯罪年龄
平均值	0.215 19	0.291 139	0.354 43	0.139 241	0.696 203	44.596 15
标准差	0.413 58	0.457 19	0.481 397	0.348 409	0.462 835	6.657 62
最小值	0	0	0	0	0	29
最大值	1	1	1	1	1	58
观测数	79	79	79	79	79	52

表6-4是实证回归模型的估计结果。第（1）列没有加入控制变量，结果显示第一、二种腐败成本和不确定性都对腐败所得金额有显著的负影响，说明腐败成本和腐败的不确定性越小，腐败的水平越高，与前面的理论模型结论相同。第（2）列加入了是否具有其他罪名的控制变量，结果显示，腐败成本和不确定性对腐败所得金额的影响与第一列同为负，其他罪名对于腐败所得金额有显著的影响，具有其他罪名的犯罪官员所得金额显著较高。第（3）列加入了腐败官员的职务级别，结果显示，腐败成本和不确定性对于腐败所得金额的影响与第一列同为负，职务级别对腐败所得金额的影响不显著。第（4）列加入了腐败官员的文化程度，结果显示，腐败成本和不确定性对于腐败所得金额的影响与第一列同为负，文化程度对于腐败所得金额显著为负。第（5）列加入了腐败官员第一次犯罪时的年龄，结果显示，腐败成本和不确定性对于腐败所得金额的影响与第（1）列同为负，年龄对于腐败所得金额的影响不显著。综上所述，不论使用哪种衡量方法，腐败成本和不确定性对腐败所得金额的影响显著为负，这种结果也是稳健的。另外，控制变量中只有文化程度对腐败行为的影响显著为负，这可能是文化程度对官员腐败决策中的风险偏好具有显著影响，文化程度越高，风险规避程度越大，因而选择更低的腐败水平。

表6-4 实证回归模型的估计结果

实证模型	（1）	（2）	（3）	（4）	（5）
变量	\multicolumn{5}{c}{腐败所得金额}				
第一种腐败成本	-0.579***	-0.659***	-0.667***	-0.788***	-0.730***
	(0.115)	(0.116)	(0.119)	(0.122)	(0.125)
第二种腐败成本	-0.461***	-0.388***	-0.381***	-0.256**	-0.306**
	(0.112)	(0.112)	(0.114)	(0.119)	(0.120)

续表6-4

实证模型	(1)	(2)	(3)	(4)	(5)
变量	腐败所得金额				
不确定性	-0.474***	-0.416***	-0.410***	-0.280**	-0.313**
	(0.112)	(0.110)	(0.112)	(0.118)	(0.117)
是否有其他罪名		0.345**	0.340*	0.282*	0.183
		(0.165)	(0.168)	(0.162)	(0.169)
职务级别1			0.020	0.126	0.242
			(0.161)	(0.158)	(0.171)
职务级别2			-0.137	-0.073	-0.019
			(0.151)	(0.146)	(0.147)
文化程度1				-0.392	-0.505**
				(0.234)	(0.239)
文化程度2				-0.415**	-0.450**
				(0.171)	(0.168)
犯罪年龄					-0.017
					(0.011)
Constant	11.13***	11.04***	11.09***	11.37***	12.15***
	(0.092)	(0.097)	(0.150)	(0.181)	(0.524)
Observations	36	36	36	36	36
R-squared	0.978	0.981	0.982	0.985	0.986

注:"***"表明$P<0.01$,"**"表明$P<0.05$,"*"表明$P<0.1$。

第七章 广东增量改革阶段（1978—1992年）腐败的经济分析

1978年，党的十一届三中全会将全党的工作重心转移到经济建设上来；1980年，中共中央又提出把改革的重点放到非国有部门的"增量改革"战略或"体制外先行"战略上。①

一、增量改革阶段的经济特征

1. 工作重心转向以经济建设为中心

如图7-1所示，在广东，由于中央的特殊政策和灵活措施以及财政包干体制，现代化建设取得了举世瞩目的成效：自1978—1988年，全省社会总产值年均递增12.6%，市场需求开始成为生产建设的主要引导因素②；深圳、珠海、汕头等经济特区迅速崛起，广州、佛山等全国经济体制综合改革试点城市也走在了改革开放的前沿。一些干部不惜采用非传统的手段提高经济增速，由于改革"摸着石头过河"的特点，前期理论准备不足，缺乏相应的制度和法律建设，而旧有的、适应僵化计划经济的制度难以规范新的市场经济条件下的行为，为权力寻租提供了滋生空间。

2. 经济市场化程度加深

经济市场化的过程是逐步推进的。从党的十二大提出要发展多种经济形式，到党的十五大确定公有制为主体、多种所有制经济共同发展是我国社会主义初级阶段的一项基本经济制度，个体和私营企业迅速发展起来。同时，农村改革逐步深化，乡镇企业异军突起；企业改革逐步推进，承包制普遍实行；流通领域改革从"双轨制"向"价格闯关"过渡；对外开放扩大；政府初建宏观调控体系，职能逐步转变。在这样的时代背景下，中共中央决定将广东作为

---

① 参见吴敬琏《当代中国经济改革教程》，上海远东出版社2010年版。
② 参见曾广灿《广东省经济改革九年回顾》，载《改革》1988年第2期，第115～121页。

"全国改革开放的综合试验区",率先进行"市场导向的改革"探索,因此,广东的经济市场化程度加深速度显著高于全国其他地区。

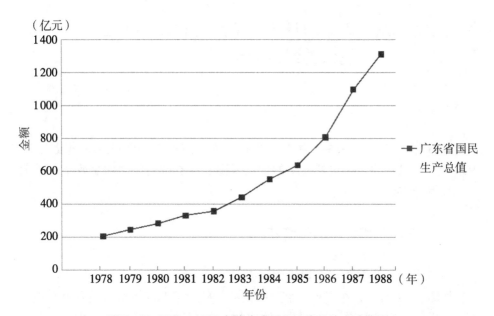

图7-1　1978—1988年广东省国民生产总值变动情况

数据来源:《广东省国民经济和社会发展统计资料:1949—1989年》,广东省统计局。

3. 生产资料供应和价格的"双轨制"形成

1979年,国务院发布《关于扩大国营工业企业经营管理自主权的若干规定》,赋予了国有企业销售产品的自主权。1985年,国家物价局和国家物资局正式取消原定对企业自销产品价格的限制,但国务院同时决定对原有取得计划调拨物资的国有企业,仍可以按调拨价购得一定数量的物资。重要原材料的国家计划分配比重见表7-1。这样,生产资料与其价格就同时存在计划调拨和市场议价,"双轨制"正式形成。

"双轨制"在特定的改革阶段,有它存在的合理性。由于加工部门发展速度远快于生产资料的生产部门,一次性将价格交由市场决定,将带来极度的通货膨胀。但是,"双轨制"阻碍了民营经济和其他非国有经济的发展,也为官员利用职权寻租和利用双轨差价以套取惊人利润提供了空间,成为经济进一步发展的障碍。1986年2月广州部分重要物资计划价格与计划外价格对比如图7-2所示。

表7-1　重要原材料的国家计划分配比重　　　　　单位：%

物资	1979年	1984年	1988年
钢材	77.0	66.0	46.0
木材	85.0	40.0	25.9
煤炭	58.9	50.0	43.5
水泥	35.7	25.0	13.6

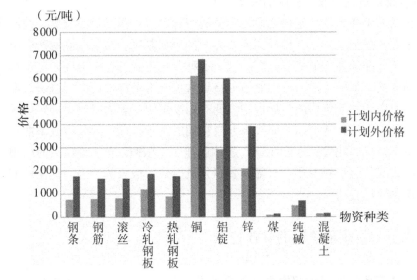

图7-2　1986年2月广州部分重要物资计划价格与计划外价格对比

数据来源：《经济参考报》1986年2月17日第4版。

4. 权力由中央向地方、企业和社会下放

权力下放的领域从经济管理扩至计划和资源分配，具体包括：扩大地方固定资产投资的审批权，增加地方分配统配物资品种和数量，实行"划分收入、分级包干"的新财政管理体制，扩大地方对商品价格的定价范围。行政性分权和市场性分权同时进行，使中央政府、地方政府和企业三者都在不同程度上成为资源配置的主体。对地方政府实行"分税制"放权，地方政府成为重要的经济利益主体。地方政府统揽地方经济发展，成为特殊的市场主体。广东作为对外开放的前沿，获得了在改革之前未曾有过的自主权，包括经中央政府授权可以与外国公司签订贸易和直接投资协议的权力，能够留取一部分所赚的外汇。

5. 经济改革过程中市场经济主体不明确

在改革开放初期，我国实行了"扩大企业自主权"的"体制内改革"，并

在全国进行了广泛的试点。这一阶段的改革，主要以利益刺激为主，而不是机制转换，产权关系也没有根本的转变。在改革开放的最初10年中，国企事实上是政企合一的，企业不是自主经营、自负盈亏的经济主体。[①] 同时，在"大办企业潮"的影响下，大批政府机关、事业单位甚至军队也办起了企业，这使得参与市场经济的主体愈发不明确。广东省在企业体制方面也无法独善其身，省属国有企业至1988年仍未解决财产关系问题。[②] 经济主体的不明确，主要表现为部分机关部门既是"运动员"，又是"裁判员"。

6. 改革过程中收入分配的失衡

在党的十一届三中全会之后，为了适应社会主义商品经济发展，我国实行了以按劳分配为主体、多种分配方式并存的分配制度，按资金和资产分配、按管理经营分配等分配形式也逐渐出现。多种分配方式并存的分配制度有利于克服平均主义，促使劳动力流向能够创造更大价值的经济部门，促进资源配置的效率。但由于市场价格的传导机制，拥有稀缺资源或者需求较大的经济部门就能够获得更大的经济利润。而改革开放初期的需求扭曲，导致有效率的资源配置并不是最优的配置，这也导致"脑体倒挂""主副倒挂"等现象的出现。这种分配状况的悬殊和变化，对部分公职人员造成了极大的冲击，促使他们寻找以权谋私的机会。

二、增量改革阶段的腐败特征

1. "官倒"及其他权力寻租现象出现

"官倒"指有权力获得调拨物资或拥有物资调拨权的机关单位低价获得调拨物资，再倒卖到自由市场，利用巨大的差价赚取暴利。在计划经济时代，各级行政部门拥有对经济的巨大支配权力，只是在比较僵化的计划经济体制下，这种权力难以转化为实际收入。"官倒"阻碍了经济的健康成长，但也只是权力寻租的一种。随着经济的不断放开，行政对经济的干预并没有缩减，各级行政部门都有机会利用职权在经济活动中进行寻租。在这个阶段，官员和商人利用各种人情关系发展自己的"关系网"，与一些拥有人、财、物审批大权的单位的"一把手"进行权钱交易。作为经济发展程度最高的广东地区，这种现

---

① 参见刘国光《改革十年》，载《金融科学》1989年第1期，第1～8页。
② 参见郑英隆《成绩显著，形势严峻，试验区怎么办？——广东理论界、实际工作者研讨综合改革的理论与对策》，载《学术研究》1988年第6期，第6～14页。

象愈演愈烈。① 如中共湛江廉江县（1993年撤县建市）原县委常委、长青水果场场长兼党委书记叶树章，甚至在该水果场建造造价为1 300元的公共厕所时都要从中收取150元回扣才肯签字支付工程款。② 许多政府官员都会结交一些商界人士，这也是当地经济发展所需要的，但能够"近水楼台"的商人往往成为贿赂的特许提供者。

2. 政企不分导致经济领域腐败频发

国企和其他官办企业存在政企不分、官商合一的特征，成为滋生干部牟取私利的温床。这些企业既是市场的参与者，又是市场的管理者，能够占有更多的稀缺资源，也能够在一系列的行政程序中畅行无阻。而企业主管部门的领导干部，为了部门利益或者自己的私利，也愿意为这些企业大开后门。1983年，广东省纪委受理群众检举、控告党员干部违法违纪行为的信访中，揭发党员干部进行经济犯罪活动的信访数居第一位。据统计，从1982年开展打击经济领域严重犯罪专项行动至1983年底，广东省纪检机关受理的案件中经济类案件占40%左右。

3. 涉外腐败严重

广东外向型经济发达，一些腐败分子滥用职权为外商牟取不正当利益，从中收取贿赂。有的违纪违法人员把作案地选择在国（境）外，或者将赃款赃物转移到国（境）外；还有的通过各种关系，秘密取得外籍身份或者双重国籍，一有风吹草动就溜之大吉。广东省1988年发生贪污、贿赂犯罪分子作案后潜逃的人数比1987年增加81%，1989年又比1988年增加76.1%。③ 跨国公司是涉外腐败中关键的一环。为了逃避中国法律的惩处，跨国公司往往采取十分隐蔽的方式行贿，如为手握重权的官员子女出国留学提供条件、与官员亲属开办的公司做生意、为官员退休后安排高薪职位等。长期以来，各地在利用外资方面普遍存在"重数量和规模、轻质量和效益"的现象，给予外商的优惠政策缺乏全国统一的标准，导致许多地方出现招商引资恶性竞争的局面。跨国公司利用各地竞争的心态拼命压价，腐败官员则获取很大的空间损公肥私，并且事后往往不被怀疑，反而被认为有能力，为当地的经济发展做出了贡献，这使得市场准入和招商引资中的贿赂很难认定。

4. 腐败金额巨大

进入20世纪80年代末期后，腐败案的涉案金额明显增大。广东经济总量

---

① 参见刘汉霞《我国权力寻租的影响因素研究》（学位论文），华南理工大学2010年。
② 参见肖扬《反贪报告：共和国第一个反贪污贿赂工作局诞生的前前后后》，法律出版社2009年版，第96页。
③ 参见肖扬《反贪报告：共和国第一个反贪污贿赂工作局诞生的前前后后》，法律出版社2009年版，第97页。

大，官员掌握的资金资源多，腐败案涉案金额相对内地省份要高得多。1991年查处的英德县（1994年撤县建市）原公安局局长张文列，在其任职期间，利用审批"农转非"户口和出境签证等职权收受贿赂。其受贿、索贿、贪污及非法所得赃款、赃物总价值人民币517 487元、港币63 900元。这种"小官大贪"的现象，在当时的内地其他省市还是比较少见的。① 经济的繁荣给这些腐败分子以"发展"的机会，20世纪90年代，广东因腐败造成的经济损失也达到了一个高峰期。

三、增量改革阶段的腐败成因

1978—1992年的增量改革阶段主要由经济自由化、分权化、私有化和经济全球化组成。本阶段的腐败成因与大环境密不可分，价格双轨制、权力下放、以行政手段处罚制裁等因素都直接或间接地降低了腐败的直接成本、风险成本、事后成本等，使得腐败大潮在这个阶段日益汹涌。

1. 价格"双轨制"等制度提高腐败经济收益

在价格"双轨制"的情况下，官员可以将计划经济中获得的资源转移到市场经济中，导致腐败滋生。在市场准入方面，官员通过既有权力控制市场准入，在行政审批中受贿、索贿，甚至利用权力帮助自己的亲友进入市场。经济全球化进程中，外商投资、进出口贸易以及国际人员交往的有限制放开，都为腐败提供了制度的便利和条件。例如，当存在外汇、进口配额、出口补贴和退税等制约因素时，外贸企业便想方设法寻求突破，这导致官员可以进行权钱交易。

2. 分权化效应降低腐败直接成本

分权制使地方政府成为经济利益的主体，也成为一个特殊的市场主体，获得了在改革开放之前未曾有过的自主权。财政分权化改革使得国家财政收入大幅下降，地方政府通过乱收费、乱罚款、乱集资等方式收敛资金，形成"小金库"，这一部分额外收益成为滋生官员腐败的温床。政府采购、工程项目的审批过程中行贿受贿现象激增。同时，较大的自主权使得官员不必投入大量的时间、精力来掩人耳目。

3. 以行政手段惩罚制裁降低腐败风险成本

1978年6月，第五届全国人大第二次会议通过《中华人民共和国刑法》

---

① 参见李坤、李汉生、张才龙《一个县公安局长的末路》，载《瞭望》1991年第9期，第20～22页。

《中华人民共和国刑事诉讼法》，将腐败列为专门的犯罪行为。1982年，在做出"严打"决策的同时，全国人大常委会对《刑法》的相关条款进行了补充和修改。但这一阶段中，对腐败行为的法律约束仍旧较弱，对大多数腐败行为采取了行政处罚而非法律制裁。1982年1月11日，最高人民法院发布《最高人民法院关于走私贩私投机倒把和贪污案件由刑事审判庭审理的通知》，仍规定"挪用公款一般属于违反财经纪律的行为，应由主管部门按政纪处理"，而对相关的司法程序简单带过，对其量刑处罚也没有清晰界定。当时，一些官员在受贿腐败之后，选择逃亡国外以逃避中国法律的制裁，却没有行之有效的法律来约束和惩治这一行为。

四、增量改革阶段广东反腐败的实践

1. 开展"严打"和"整党"

这一阶段的反腐缺少全面的建设和改革，而以"严打"运动为主。广东省在这一阶段曾两次开展大规模的打击经济犯罪行动，一定程度上抑制了腐败现象。1982年，全国人大常委会发布《关于严惩严重破坏经济罪犯的决定》；1983年，中共中央发出《关于严厉打击刑事犯罪活动的决定》。广东按照中央的部署，在全省开展了"严打"行动。在"严打"期间，全省检察机关受理和立案侦查的案件比前两年案件总上升了近40个百分点。[①] 1983年，全党开展了为期三年半的大规模"整党"，这次"整党"比较普遍地进行了党的基本理论和党的正确路线、方针、政策的教育，全党的思想、组织、作风、纪律建设有了明显进步。通过党员登记和组织处理，共有33 896人被开除党籍，90 069人被不予登记，145 456人被缓期登记，184 071人被党纪处分。

2. 加强反腐制度的建设

随着反腐工作的不断深入，制度建设的重要性和紧迫性凸显。1980年，中共中央正式提出建立健全党内监督制度，1990年提出制订《党内监督条例》。1984年，中共中央、国务院发出《关于严禁党政机关和党政干部经商、办企业的决定》，此后中央多次发文重申这一要求，禁止国家工作人员在社会经济活动中非法收受任何名义的"酬金"或"馈赠"。1988年，中共中央发出《关于党和国家机关必须保持廉洁的通知》，强调改革开放、繁荣经济要坚定不移，保持廉洁、防止腐败也要坚定不移，且在几年内还陆续就民主评议党

---

① 参见肖扬《反贪报告：共和国第一个反贪污贿赂工作局诞生的前前后后》，法律出版社2009年版，第91页。

员、加强党内监督、实行干部交流制度等出台了一系列规范性文件与规定。《国家行政机关工作人员贪污贿赂行政处分暂行规定》也于1988年发布。1990年，党的十三届六中全会确定建立巡视制度。1986年6月，中共广东省委在《关于县以上各级党委成员增强党性端正党风的规定》中，强调要积极探索建立打击经济犯罪的有关规章制度。1988年11月，中共广东省委发出《关于加强政务工作公开性的通知》，通过政务公开，落实人民群众民主监督的权利，使廉政建设逐步走上制度化、规范化的轨道。

3. 对党员进行党风党纪教育

在改革开放的条件下对公职人员进行思想教育，是反腐倡廉的重要手段之一。这一时期在对公职人员的教育中，将腐败归咎于资产阶级或封建腐朽思想影响，是与这一时期对腐败产生的经济原因研究不足分不开的，因此，必然导致强调以教育来应对思想滑坡。中央多次发文强化思想作风建设，广东在这方面也做了一定的努力。1985年，中共广东省委批转省纪委关于《加强党风党纪建设　保证改革和开放的顺利进行》的报告。1991年，中共广东省委批准省委党风和廉政建设领导小组运用典型案例开展反腐败教育的意见，决定以典型案例作为反面教材，在全省党员、干部中开展反腐败教育。

五、增量改革阶段广东反腐败的工作成效

1. 查处案件数总体平稳，办案效率提高

由于腐败发生于权力与约束不对等的改革特殊时期，仅通过"严打"等方式难以消除腐败产生的深层次根源。从图7-3可以看出，广东省纪检机关受理和查处的案件数总体上保持平稳的趋势，说明腐败现象并没有在某一段时间被大幅度遏制。从受理案件数和结案数可见，办案效率不断提高，1980—1992年，结案率从78.9%提升至87.2%。如图7-4所示，1978—1992年，随着反腐败斗争的深入开展，广东省群众申诉和揭发腐败的数量呈下降趋势。

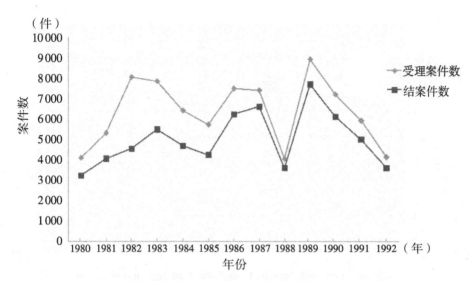

图7-3 广东省纪检机关1980—1992年受理案件和结案件数统计

图7-4 广东省纪委1978—1992年受理来信来访案件数统计

2. 经济犯罪受到严厉打击

如图7-5所示,广东省纪检机关受理案件中经济类问题比重占20%以上,1982年和1983年达到最高,接近40%。

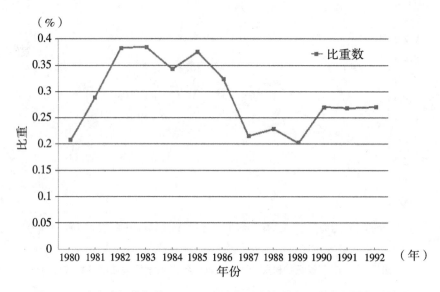

图7-5 广东省纪检机关1980—1992年受理案件中经济类问题比重统计

第八章 广东全面实施体制转轨阶段（1992—2002年）腐败的经济分析

根据1992年党的十四大确立的蓝图，广东加快建立社会主义市场经济体制，在国有企业深化改革、农村股份合作制、政府转变职能、金融体制改革、投资体制改革、价格改革、财税体制改革、建立社会保障制度、扩大开放和市场经济立法等领域推出一系列改革措施。从1992年党的十四大召开到2002年党的十六大以前的10年，为广东经济和社会全面实施体制转轨阶段。

一、全面实施体制转轨阶段的经济特征

1992年邓小平南方谈话中"关于计划和市场都是经济手段"的思想，不再把计划经济和市场经济看成划分社会制度属性的标志，从根本上解除了人们的思想束缚，大大推动了经济体制改革探索。

1. 经济体制改革目标的确立

党的十四大明确了中国经济体制改革的目标——建立社会主义市场经济体制，解决了关系改革开放全局性、方向性的重大问题，经济体制改革进入了一个新阶段。1996年，党的十五大进一步回答了有关社会主义市场经济的一系列重大问题，并做出通过改革建立社会主义市场经济的具体安排，要求在2010年前初步建立社会主义市场经济体制。

2. 可持续发展战略的形成及初步实践

党的十一届三中全会以后，中国经济在短短的10多年间实现了质的飞跃，但这些成绩的取得是以高消耗、高污染为主要特征的经济发展方式作用的结果，不利于经济的长远、可持续发展。1992年联合国环境与发展大会召开之后，我国公布了《中国环境保护与发展十大对策》，明确提出在实现现代化的过程中必须实施可持续发展战略，并采取了一系列的行动：坚持计划生育，控制人口数量，提高人口质量；推动扶贫开发，给予贫困群众生活补贴、提高其收入，加大对贫困地区基础设施和文化教育卫生事业的投入；实施绿色工程，

增加绿化面积，加大对生态脆弱地区和污染严重地区的保护与治理。

3. 经济快速发展，居民可支配收入逐步增加

改革的增量阶段为中国经济发展打开了新的局面，全面实施体制转轨阶段则进一步推进了经济的增长。从国家层面来看，在经济增长方面，1992 年我国 GDP 总量为 26 638.1 亿元，2002 年则达到了 104 790.6 亿元，实现了 14.68% 的年平均增长率；在居民收入方面，1992 年城乡居民人均可支配收入分别为 2 026.6 元和 784 元，而 2002 年则分别达到 7 702.8 元和 2 475.6 元，城市居民的人均可支配收入增长了 280%，农村居民纯收入增长了 216%。就广东的情况看，在经济增长方面，1992 年全省 GDP 总量为 2 447.54 亿元，2002 年达到了 13 502.42 亿元，实现了 18.62% 的年平均增长率；在居民收入方面，1992 年全省的城乡居民人均可支配收入分别为 3 476.7 元和 1 307.65 元，2002 年分别达到 11 137.2 元和 3 911.9 元，城市居民的人均可支配收入增长了 220%，农村居民的纯收入也增长了 199%。

4. 法制不断完善

国家和地方制定了一系列法律法规来消除改革初级阶段遗留的漏洞和隐患。如针对价格"双轨制"所带来的投机倒把问题，商业部颁布了《关于加强批发市场建设工作的意见》，国家工商局颁布了《关于加快培育、发展农副产品批发市场、工业品专业市场和生产资料市场的意见》；针对市场经济主体不明确问题，商业部颁布了《全民所有制商业企业转换经营机制实施办法》，广东省颁布了《股份有限公司组织机构规则（试行）》《贯彻〈全民所有制工业企业转换经营机制条例〉实施办法》；针对分配失衡问题，劳动部颁布了《关于部分试点企业探索改变国家与企业分配关系的意见》等。这个时期的反腐败领导体制也实现了较大变化，纪检和监察实行合署办公，确立了廉洁自律、查办案件、纠正不正之风三项格局，出台了一系列党内法规。

二、全面实施体制转轨阶段的腐败特征

1. 腐败形态复杂

从腐败的主体来看，既有个体腐败，也有群体腐败，并且后者呈上升趋势；从腐败发生的领域来看，既有政治和行政领域的，也有经济和司法领域的；从腐败的形式来看，既有传统形式的贪污受贿，又有新型的非贪污受贿形式的腐败，而且后者更隐蔽、更难以被察觉，其发生具有明显的上升趋势。

2. 官官"勾结"突出

随着腐败程度的加深，官员之间相互勾结作案的腐败案件明显增加。在

1998年查处的湛江走私受贿案中，重要涉案人员有中共湛江原市委书记陈同庆、湛江海关原关长曹秀康、湛江市原常务副市长叶振成、湛江市打私办原主任郑炳林、湛江公安边防分局原局长邓野和原政委陈恩等。陈同庆自1992年主政湛江后，逐渐蜕化变质，大搞权钱交易。在陈同庆的影响下，湛江市一些政府官员也加入了"快速致富"的走私犯罪活动中。原副市长杨衢青参与走私，个人分得赃款40万元；市打私办原主任郑炳林亲自出马协调放私；原霞山区国税局与走私分子合伙开公司，为其提供虚假的增值税发票，使走私油得以"合法"销售。由于曹秀康的堕落，湛江海关一些关键岗位的负责人也纷纷效仿。在这一阶段，一些官员之间对于腐败行为达成默契，为了不使腐败行为暴露，他们彼此之间既各怀鬼胎，又相互掩护，包庇纵容。

3. 腐败期权化

所谓期权化腐败，是指权力场上的期货交易，即腐败收益不是当期的，交易的是一种权利，不直接涉及钱物交易。一些领导干部在位时利用手中掌控的权力与一些不法分子牟取间接利益，本人不是当即获取回报，而是在退休之后下海经商，连本带利获取个人利益，或者通过亲人好友获取利益。如广东省高级人民法院原院长麦崇楷利用职务敛财，主要方式并非直接索取钱物，而是向有关企业为其儿子牟取数百万元的企业股权。广东省人大常委会原副主任于飞，1998年利用职务之便，为其子女开办的公司在非法受让、转让土地使用权中牟取私利。① 进入20世纪90年代末、21世纪初，一些商人或者职位较低的官员开始在腐败中担任"中介"角色，为行贿受贿双方居间介绍、牵线搭桥。

4. 不正之风不断蔓延

不正之风不完全等同于腐败，但不正之风为腐败现象的滋生提供了土壤。相较于1978—1992年，这一时期的不正之风由党的组织权力系统向掌控行政权力的系统蔓延开来，在政府部门、行业领域表现突出。一些部门和行业利用不完善的法规制度，由过去的消极腐败演变为积极的以权牟利，主要表现为各职能部门及其所属单位私设"小金库"、乱收费、乱摊派、乱拉赞助、乱罚款等，挥霍公款、大吃大喝等奢靡之风蔓延。

5. 房地产业寻租行为严重

经济的迅速升温推动了城镇化的高速发展，1992年以后房地产业一度火热。在房地产业过热的情况下，各种生产资源出现严重短缺，资源的计划价格

---

① 参见过勇《中国转轨期腐败特点和变化趋势的实证研究》，载《公共管理评论》2008年第1期，第63～77页。

与市场价格差距拉大，寻租活动活跃。房地产行业链较长、涉及的环节也较多，因此寻租主体也很广。除了各级建设、规划、房屋管理、土地管理、税务等部门外，还包括资金提供者——银行等机构。房地产热强化了相关部门官员的腐败动机，在短期内造就了一大批暴富的房地产商和政府官员。

三、全面实施体制转轨阶段的腐败成因

1. 城镇化进程加快

在体制转轨阶段，农村大量的土地被征用，镇村干部以权谋私，截留、挪用、贪污征地款问题多发。一些地方的农村财务制度不健全、管理混乱，部分基层干部借机中饱私囊，侵占群众利益。1993年，广东全省纪检监察机关检控类信访中，涉及农村基层干部问题的10 563件（次），占24.6%，个别市、县高达60%，大量联名信或集体上访主要反映农村基层干部利用职权贪污挪用公款、索贿受贿、欺压群众、财务管理混乱以及土地管理方面的问题。

2. 市场化和对外开放

这一阶段是旧体制正式向新体制过渡的阶段，无论是旧体制的残余还是新体制的不够完善都为腐败提供了空间。从腐败行为的制度性诱因来看，既有传统的直接式的以权谋私型腐败，也有利用转轨期体制"漏洞"所产生的"官倒""商倒"行为。继20世纪80年代消费资料市场领域的腐败行为猖獗之后，90年代后生产要素市场一度存在高频度的腐败现象，权力资本化现象突出。在市场化和企业经营机制转换中，企业人员和政府官员相互勾结，导致国有资产大量流失。在扩大对外开放的进程中，部分进出口企业和国（境）外国有企业失控。一些驻外人员利用管理上的漏洞和监督上的缺口，挪用公款在国（境）外进行私人投资，甚至大量侵吞公款、收受回扣。

3. 房地产热和开发区热

1992年，国家的基础建设规模开始扩大，迅速出现了房地产过热的现象。房地产市场投机盛行，许多自办的开发区大面积越权批地，任意减免税收，擅自制定优惠政策，导致土地收益大量流失。许多土地批出后，资金迟迟不能到位，造成大量闲置。房地产热和开发区热的直接后果是土地使用的浪费，衍生出来的问题是加剧了资金、物资紧张，拉动了生产资料价格上涨，挤压了国家重点建设项目，大量的炒地行为，更是扰乱了经济秩序。一些地区的群众对土地的管理使用和征地拆迁补偿费的分配使用问题意见大、上访多。

四、全面实施体制转轨阶段广东反腐败的实践

1. 确立反腐败三项任务格局

1994年中共十四届中央纪委三次全会明确把二次全会上提出的廉洁自律、查处案件、纠正不正之风三项工作上升到"工作格局"的高度。广东贯彻中央纪委全会精神，主要通过召开以廉洁自律为主题的专题民主生活会等形式，通过自查自纠强化党员领导干部的廉洁自律意识。同时，实行纪检、监察合署办公，严肃查处大要案；省政府成立纠正行业不正之风办公室，设在省监察厅，"纠风"工作全面开展。

2. 鼓励引导群众举报

中共广东省纪委要求各级纪委加大信访件的查处和督办力度，省纪委常委分头督促省纪委交办信访件的办理。1993年9月，省纪委公布检举控告电话，制定《检举控告电话值班人员守则》，省监察厅同时公布了举报受理电话。为应对信访举报量较快上升的形势，各级纪检监察机关探索分类处置举报问题，省纪委、省监察厅及广州、佛山、湛江等市纪委、监察局对反映领导干部的一些情节简单但需要了解清楚的问题，提出用《纪检监察信访通知书》的办法，督促被举报人对群众反映的问题做出说明。针对这个时期比较突出的群众集体上访现象，各级纪检监察机关主要做了五个方面的工作：一是遇有群众集体上访，由领导亲自出面解决；二是及时向党委、政府和有关职能部门反映情况，积极疏通办理渠道；三是主动与有关部门协调配合，实事求是地解决问题；四是充分发挥信访网络作用，及时掌握集体上访的苗头和信息，把问题就地解决在初发阶段，避免事态的继续扩大；五是对农村集体上访反映的"热点"问题，在严肃查处违法违纪案件的同时，积极向党委、政府及其有关部门提出建议，加强综合治理，解决诱发集体上访的深层次问题。珠海、阳江、揭阳等市着手在农村基层开展财务清理，健全制度，建立村民理财小组，加强群众监督。

3. 严肃查处违纪违法案件

重点查办"三机关一部门"案件（即党政领导机关、司法机关、行政执法机关、经济管理部门及其工作人员中的违纪违法案件），特别是县处级以上领导干部贪污受贿、严重以权谋私案件，执纪执法人员徇私舞弊、贪赃枉法、执法犯法、执纪违纪案件，以及建筑工程、金融、房地产、土地征用出租等领域的违纪违法案件。1993—2000年，省纪委、省监察厅严肃查处了湛江特大走私受贿案、梁耀华集团走私案、潮阳和普宁两市骗取出口退税案等一大批大案要案。

五、全面实施体制转轨阶段广东深化改革、源头治腐的探索

1. 减少政府干预，抑制官员的权力

这一时期，广东省出台了一系列规章制度来改革权力过于集中的体制。例如，进行机构改革，削减冗杂机构部门和审批事项并裁减冗员，减少在行政审批上的腐败。这些措施抑制了政府对经济的过度管理，减少了政府官员在经济活动中牟利的机会。

2. 提高政府收款、用款的透明度

为了减少信息不对称引发的腐败，广东于20世纪末、21世纪初开启了网络反腐工程——"金财"工程，使政府部门用钱、收钱更加规范、公开、透明。过去由于用款单位与财政部门信息不联网，导致一些单位私设"小金库"、自收自支、截留财政资金。"金财"工程通过将所有行政事业单位的收费支出信息联网，实现财政资金的有效监控。各单位结余多少资金，买过什么东西，甚至请客人吃一顿饭等，日常财务开支都能显示在财政部门的电脑上，这样财政预算资金从拨出到使用的全过程都处于财政部门的监督中。

3. 健全内部权力监督机构和制度

这一阶段，党内监督制度建设力度加大，《中国共产党党员领导干部廉洁自律准则》和《中国共产党纪律处分条例（试行）》等一批党内法规陆续出台。1993年国务院发布《国家公务员暂行条例》，对公务员纪律惩戒做了原则规定。在这一阶段，巡视工作有了大进展，相关制度和工作机制逐步建立。1995年，全国人大常委会通过了成立反贪污贿赂总局的议案并于同年正式挂牌，惩治贪污贿赂犯罪的工作开始走上正轨，健全并强化公职人员行为约束的相关制度相继建立。

4. 提高公务员工资，探索"高薪养廉"

从腐败动机的角度来看，公务员的收入比企业单位人员要低得多。根据广东省统计局的数据，2000年4月，样本公务员月工资水平1 469元，比1996年增长48.9%。随着公务员工资待遇的不断改善，公务员与国有企业管理人员的工资差距不断缩小。1996年，被调查公务员与国有企业管理人员的月工资分别为986元和1 258元，月工资平均差距为272元；到2000年，月工资则分别为1 469元和1 601元，差距已缩小为131元，缩小幅度超过50%。工资差距比率由1996年的21.6%缩小为2000年的8.2%。可以说，消除公务员同企业管理人员工资差距的努力逐步收到成效。

第九章 广东改革攻坚阶段（2002年至今）腐败的经济分析

随着市场化进程的推进，改革步入"深水区"，各种矛盾和问题也集中表现出来，呈现出短期问题与长期问题交织、结构性问题与体制性问题并存、局部问题与全局问题互连，甚至属于不同发展阶段的不同类型的矛盾和问题同时出现的复杂局面。广东市场化程度高，工业化、信息化、城镇化、国际化发展迅猛，经过几十年高速发展，传统发展模式已发挥到极致，原有优势逐步减弱，经济社会发展面临不少新问题，反腐倡廉建设面临更为复杂的局面。

一、改革攻坚阶段的经济特征

1. 民营经济活跃，市场主体多元

这一阶段，广东进入人均 GDP 由 7 000 美元向 10 000 美元迈进的新阶段，物质基础日益雄厚；另一方面，出现了个人利益至上的倾向，新旧体制的交错使得制度约束力锐减，社会各阶层通过腐败牟利的需求急剧膨胀，过去计划经济体制下不曾发生和市场经济体制完善以后不容易发生的腐败问题都有可能在这个阶段出现。一些市场主体为获取有限的资源，追求利益最大化，不择手段拉拢腐蚀党员干部，权力与利益勾结，权力利益化、利益权力化倾向明显，党员干部面临市场经济的考验更加严峻。

2. 改革难度和风险增大

改革的难度和风险增多，而改革的力度不够，尤其是一些关键领域体制机制改革还不到位。据统计，除中央企业外，在全国 9.19 万亿国有资产中，广东为 1.62 万亿，占总量的 1/6，居各省、市、自治区首位。在建立现代企业制度、大力推进股份制改造过程中，国有企业改革中一些深层次矛盾和问题更加集中地显现出来；国有企业发展迅速，在规模、利润快速增长的同时，集团公司对二、三级企业的管控难度加大，导致在利润大幅增加的情况下投资力度加大、风险更高；在"走出去"步伐加快的情况下，国（境）外国有资产监

管任务更重；在全流通条件下，上市公司国有股权监管更加复杂。①

3. 经济社会发展不平衡

一方面，区位资源禀赋差异大，地区间经济发展不平衡。2000年以来，珠三角人均地区生产总值遥遥领先于其他区域。另一方面，二元经济结构导致城乡差异加剧，城镇居民人均可支配收入和农村居民人均纯收入差距较大。从图9-1可以看出，虽然城乡人均收入比低于全国平均水平，且有缩小趋势；但是，城乡的收入差距还是非常显著，城镇居民人均可支配收入和农村居民人均纯收入之比接近3。由于区域之间经济发展不平衡，不同地区腐败问题发生的领域、特点及其表现形式有所不同。由于城乡差距大，农村基层建设和监督制度不健全，因土地征用、"三资"管理等引发的矛盾频发、多发、重发。

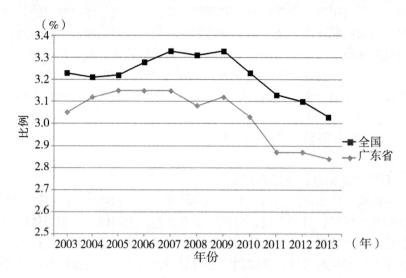

图9-1　2003—2013年广东省与全国城乡人均收入之比统计

数据来源：中国统计局网站，广东省统计局网站。

4. 中介服务市场不健全

随着市场经济的发展，中介组织承担着越来越多的由政府部门下放的社会职能，发展迅猛。与此同时，中介组织参与和引发的行贿、洗钱、合谋侵占国有资产等案件也呈增长趋势，中介组织成为利益输送的"灰色通道"。一些中介组织通过非法出具证明、报告、鉴定等手段，在企业改制、资产评估、招标采购等环节与公职人员恶意串通，有的直接参与商业贿赂活动。中介组织的介

---

① 参见《广东308名国企领导上交红包151万元》，载《南方日报》2008年7月13日。

入,使得行贿受贿双方在不见面的情况下完成权钱交易,用程序上的合法掩盖了实质上的不合法。

二、改革攻坚阶段的腐败特征

1. 大案、要案和窝案、串案多

这一时期,窝案、串案、案中案等群体性、系统性腐败案件明显增多。这一阶段,韶关、茂名、揭阳、肇庆等市的多名市领导"落马",涉案人员多、金额大、牵涉面广,全省财政、科技、水利、农垦等系统和公检法司等机关都发生了大要案,一些领域和岗位出现"前腐后继"。

2. 发案领域和环节相对集中

工程建设、房地产开发、医疗教育、市场监管、环境保护等领域和国有企业成为腐败的"重灾区"。在2013年全省检察机关查办案件中,涉及商业贿赂领域534人,主要发生在产权交易、医药购销、政府采购等环节;涉及工程建设领域413人,主要发生在项目审批、规划调整、招标投标、工程验收结算等环节;涉及民生领域310人,主要发生在教育、征地拆迁、医疗卫生、社会保障、扶贫开发等领域;涉农领域348人,主要发生在资金使用管理、资源开发和利用等环节;涉及土地管理领域233人,主要集中在审批出让、开发利用等环节。一些案件同时涉及多个领域,如广州市市政园林系统系列贿赂案,既涉及园林林业建设项目审批、招投标等工程建设领域,也涉及公园绿化保洁等政府采购公共服务的环节。

3. 腐败向各领域渗透蔓延

随着反腐败斗争不断深入,各个地区、行业、领域和环节的案件陆续浮出水面。以前是征地拆迁推进到哪里,腐败就蔓延到哪里;现在是巡视推进到哪里,哪里的信访举报量就猛增,案件数量也随之增加。一些原先表面"风平浪静",甚至"业绩较好"的地方或单位,巡视时却冒出了大要案;一些曾经发生过大案、经过严肃整顿的系统,现在依然存在问题;一些所谓的"清水衙门",频频发生腐败大案。党的十八大以来至2015年底,省纪委直接查处的厅级干部中,教科文卫系统、群团组织、研究机构共58人,占总数的20.1%。一些手中有权的人靠山吃山、靠水吃水,干什么贪什么,什么样的"清水"都能榨出"油水"来。

4. 犯罪手段日趋复杂化、隐蔽化

由于制度日趋严密、监督不断加强,腐败分子作案手段也不断变化、日趋迂回。如有的腐败分子利用其较高的文化素质、精通法律金融以及资本市场运

作等专业知识作案；有的为了规避调查做假账，或设"账外账"，甚至最终造成无账可查；有的在权钱交易中牟取"期权利益"，由特定关系人收受好处，用合法的买卖行为掩盖非法获取利益等。从犯罪形式上来看，除了直接收受现金以外，有的收受房产，或者以远低于市场价格购买房产；有的以经办企业、投资入股为名，再以股金分红的形式收受贿赂；有的以市场交易行为掩盖受贿之实；有的以委托理财的形式，定期收取非法收益；有的国有企业领导假借企业改制之名，通过虚设债务、低估资产、隐瞒债权等手段，将国有资产据为己有；等等。从受贿的主体上来看，既有公职人员本人亲自收受贿赂，也有其近亲属及其他特定关系人利用公职人员的影响受贿。从行贿的节点上看，大多采用平时"化整为零""感情投资"等长期小额行贿，再在关键时刻择机大额行贿的手段。

三、改革攻坚阶段的腐败成因

1. 主体责任不落实，管党治党不严

改革开放 30 多年的跨越发展，导致在政绩评价、用人导向等多方面强化了对 GDP 的权重，党委政府和主要领导的精力都用在发展经济上，党的纪律松弛，党组织管党治党的主业意识淡化、监管机制弱化。从一些地方和系统的大案、窝案来看，"一把手"带头腐败，压制党内监督，默许甚至放任腐败蔓延，再加上腐败导致的逆淘汰，严重损害一个地方的政治生态。中央虽然在 1998 年就出台文件实行党风廉政建设责任制，但从执行的实际效果看，"一把手"对党风廉政建设的责任不具体、不落实，出了严重腐败问题也鲜有追究。党的十八大以来，这种情况有了根本性改变，但还没有形成稳定的制度成果，并且执行力度呈层层递减趋势。

2. 审批过程不透明导致暗箱操作

以土地审批为例。各省的土地审批流程不尽相同，但要获得土地使用权几乎都只需本级行政部门认可，部分土地需要进一步报上级行政单位，最后才将结果向社会公示。其运作的整个过程并没有做到透明公开。另外，土地出让金也是各级行政单位"封闭运作"，地方政府说了算。土地审批中的腐败犯罪在新兴开发区建设、城中村拆迁的过程中尤为严重。广东省这几年查处的一些地方主要领导，其背后都有多名房地产行业的老板"密友"。如广州市原副市长、增城市原市委书记曹鉴燎在任职天河区、增城市期间，这些区域正经历快速城镇化进程。曹鉴燎利用其在土地转让和项目开发过程中的绝对主导权力，大肆干预下属部门的工作，给予多名"关系户"开发商拿地和经营的倾斜，

并收取巨额"回报"。

3. 对"一把手"的监督不到位

在领导干部发生的腐败案件中,"一把手"占比相当高。根据对 2015 年前 7 个月查处的 118 名省管干部的分析,被查时担任"一把手"的有 67 人,占 56.78%;另外 71 人虽然被调查时不是"一把手",但他们几乎都有长期担任"一把手"的经历,且其违纪问题多发生在"一把手"的任职期间。一些窝案也主要是由"一把手"带头作案,下属和相关联单位人员大面积勾连涉案。相关的上级监督不到位,内部监督不落实,班子成员监督没动力,群众监督没条件。一些裸官"潜伏"多年,在国(境)内外大肆进行权钱交易而安然无恙,更是暴露了当前对领导干部监督的严重不足。

4. 国企改革漏洞导致官员腐败

国有企业改革经过了 1980 年前后的放权让利、1985 年前后的实施承包经营责任制和 1992 年的市场化改革等阶段,在深度和广度上都不断推进。2002 年至今,国有企业改革的重要特点是混合所有制改革。上述过程中所涉及的大量国有资产重组、退出和调整,为企业管理者提供了腐败寻租的空间。由于产权流动机制不健全、不透明,改制过程中的监督不到位,以国企改革之名,行侵吞、变卖国有资产之实的问题易发多发。例如 2014 年,广州市国营白云农工商联合公司原总经理张新华打着国企改制的幌子,私设公司转移国有资产,还捏造债务,让自己控制的国企给自己成立的公司"还钱",将 2.8 亿元的国有资产收入囊中,创下了广州市改革开放以来公职人员贪腐数额的最高纪录。

四、改革攻坚阶段广东反腐败的实践

1. 党的十八大以前

(1) 坚持惩防并举的方针。2001 年 3 月,广东成立预防职务犯罪工作领导小组,反贪部门协助职务犯罪发案单位完善制度、机制,从源头上预防职务犯罪。2005 年 1 月,中共广东省纪委召开会议贯彻中央颁布的《建立健全教育、制度、监督并重的惩治和预防腐败体系实施纲要》,强调坚持"标本兼治、综合治理、惩防并举、注重预防"的方针,把广东党风廉政建设和反腐败工作推向深入。随后,省委印发实施《广东省建立健全教育、制度、监督并重的惩治和预防腐败体系实施意见》。

(2) 清理整顿。2003 年,中共广东省委、省政府在全国率先启动了对党政机关事业单位经营性资产的清理改革,清理对象主要是各部门、各单位采取自营、出租、参股、合作等形式经营而获得经济效益的房产、土地、培训场所等。广东统一公务员岗位津贴改革始于 2002 年,开创了全国的先河。从 2003 年 1 月开始,省直属党政机关在严格实行"收支两条线"管理的基础上,按照"同职同级同标准"的原则,实行由财政统一发放干部福利补贴,一律"吃皇粮"。

(3) 深化改革。广东在经济体制、公共服务、公务消费、社会管理等各个方面都加大改革力度,大力转变政府职能,充分发挥市场作用,减少政府对微观经济的干预;同时,强化政务公开,扩大社会监督。从 2002 年 7 月起,广东在全国率先全面推行中小学教育收费"一费制",清理各地各单位自行制定的收费政策、项目和标准。从 2007 年开始,全省农村免收学杂费和课本费,实行免费义务教育。在县级以上公办医疗机构全面实行药品集中招标采购制度。成立省医药采购服务中心,从 2007 年起实行全省统一网上阳光采购。2009 年,颁布《广东省实施〈中华人民共和国政府采购法〉办法》。该办法是全国第一部地方性政府采购方面的法规。

(4) 完善制度。健全公开制度,建立县级党委权力公开透明运行机制,健全和规范党委常委会向全会定期报告工作的制度,深入推进党代表常任制试点工作,推行党内询问和质询制度,加强巡视制度建设。加强"一把手"监督,全面实行县级党政正职任期经济责任同步审计,严格执行"配偶、子女移居国(境)外领导干部不得担任党政正职"和"重要敏感部门班子成员有关规定"等;同时,政务、厂务、村务公开的地方立法相继出台,反腐败法律制度进一步完善。

2. 党的十八大以后

(1) 全面加强作风建设。坚定不移地落实《中共中央政治局关于改进工作作风密切联系群众的规定》(简称"八项规定"),坚持暗访、查处、追责、曝光"四管齐下",以查处促监督。在省纪委网站"南粤清风网"和省内主流媒体开设党风政风监督曝光专栏,集中受理"四风"问题线索。2015 年,全省纪检监察机关查处违反"八项规定"的问题 440 宗,给予党纪政纪处分 551 人。省纪委拍摄作风专题暗访片 11 期,曝光典型问题 60 个。在全省开展农村基层党员干部违纪违法线索大排查,着力解决发生在基层群众身边的腐败问题。狠抓专项治理,推动主责部门对违反规定收送"红包"礼金、违规打高尔夫球、庸政懒政怠政等 10 个突出问题开展专项整治,建立健全作风建设长效机制。

(2) 继续保持惩治腐败高压态势。进一步加大执纪力度,保持零容忍、全覆盖、无禁区和"露头就打"的凌厉态势。2015 年,全省纪检监察机关共受理信访举报 68 770 件(次),同比增长 5.9%;处置线索 25 003 件,其中,初核线索21 814件；立案14 898件，同比增长33.4%；立案地厅级干部170人，县处级干部871人；结案13 331件，同比增长34.8%；给予党政纪处分12 979人，同比增长32.7%。2015年，广东省立案和处分地厅级干部数均居全国第一位。加强反腐败国际追逃追赃工作，截至2015年底，已追回外逃人员127人，其中外逃党员和国家工作人员22名以及"红色通缉"人员1名。

（3）保持巡视"利剑"高悬。党的十八大以来，截至2015年底，巡视全覆盖总任务完成近70%，已完成对地级以上市和省属国有重点企业的巡视全覆盖，基本完成对县（市、区）的巡视全覆盖。创新巡视方式，拓展巡视领域，延伸监督范围。制定《关于在省直有关单位开展巡察工作的意见》，推动省教育、卫生计生、国资和公、检、法、司等7个系统开展巡察工作，全省形成巡视、巡察工作"一盘棋"的新格局。

（4）抓早抓小，把党纪挺在法律前面。结合学习贯彻中央纪委王岐山书记关于加强纪律建设的一系列重要讲话精神，进一步转变纪律审查的理念和方式，力求通过"主惩小恶""以诫大恶"。一是更加注重抓早抓小、动辄则咎。各级纪委查处的违纪案件中，虽然总量增长较快，但移送司法的人数占比整体并不高。贯彻中央纪委实践好"四种形态"的要求，对问题线索认真核查，分类施策，健全早发现、早处置机制，加大函询、谈话力度和覆盖面，及时阻断党员干部由轻微违纪滑向严重违纪。二是更加注重快查快结，缩短审查时间。全省纪检监察机关在队伍规模并没有扩大的条件下，线索处置和查办案件的数量不断创历史新高。三是更加注重审查安全，少用、慎用"两规"。四是更加注重审查质量，制定实施广东省纪检监察机关案件质量评价标准，开展全省案件质量检查。

（5）完善制度，提高反腐败的法治化程度。省委印发《关于加强纪律建设　推进全面从严治党的意见》，从抓早抓小、树立正确执纪导向、落实"两个责任"等方面加强纪律建设。省纪委制定实施《关于加强党员领导干部"八小时以外"活动监督管理的意见》，对党员领导干部在工作时间以外所从事的与职务影响相关或个人生活领域的活动强化监督，重点监督社交圈、生活圈、休闲圈。制定实施《关于建立健全以案治本工作联动机制的意见》，推动发案单位党组织落实全面从严治党主体责任，完善制度，堵塞漏洞。推进党政机关、国有企事业单位廉政风险防控全覆盖，推动主责单位对港珠澳大桥、广州新白云机场、全省高速公路等政府投资的重大工程项目实施廉洁风险同步预防。完成省预防腐败信息系统省级平台开发，建立政府投资工程廉情预警评估系统，通过科技加制度对政府投资工程进行从立项到验收的全过程自动监控。

（6）创新体制，形成强大的工作合力。积极稳妥推进纪律检查体制改革，落实党委的主体责任和纪委的监督责任，逐步落实纪委派驻机构对同级党政部门的全覆盖；实行查办案件以上级纪委为主，线索处置和案件查办在向同级党委报告的同时，必须向上级纪委报告；下级纪委书记、副书记的提名和考察以上级纪委会同组织部门为主。改革强化了纪委的相对独立性和监督的权威性，收到了明显成效。结合实际推进基层组织和制度创新，整合反腐败力量，按照"条条派驻、块块统筹"的模式，对深圳前海、广州南沙、珠海横琴和佛山新城、云浮新区、揭阳大南海石化工业区等经济功能区的纪检、监察、审计、反贪和经侦力量实行整合；推进设立审计机构的乡镇的纪检监察和审计力量整合，探索对市、县两级派驻机构力量的优化配置，形成派驻、巡察、执纪审查一体化格局；配合国家自贸区战略，在广东三个自贸片区和佛山市有关功能区探索建立"廉洁示范区"。

第十章　腐败对广东经济增长影响的实证研究

越来越多的研究表明，从长期来说，腐败的蔓延会对经济增长产生严重的制约作用。在决定经济增长的因素中，投资和人力资本是两个重要的因素，而腐败有可能影响一个地区的投资环境和长期的人力资本积累。

一、腐败对外商直接投资的影响

1. 研究背景

外商直接投资（Foreign Direct Investment，简称"FDI"）是拉动地区经济增长的引擎之一，不同学者对腐败影响 FDI 的问题存有争议。Beck 和 Maker 的研究显示，在投标竞争中，最有效率的企业会付出最多的贿赂。[1] Lui 也认为企业把时间看得很宝贵，进行贿赂会使决策加速，因而腐败会提高企业效率。[2] 然而，大多数研究的结果却是，腐败会抑制 FDI 的流入。

2. 机制分析

在我国，"招商引资"中的腐败问题一直备受关注。国家审计署《关于 2005 年度中央预算执行的审计工作报告》中就指出，为招商引资，2003 年至 2005 年 6 月，全国 87 个开发区中有 60 个违规低价出让土地 7 873 万平方米，少收土地出让金 55.65 亿元。吴一平、芮萌、万广华、周黎安和陶婧的研究也表明我国地区腐败程度与 FDI 显著相关。[3] 一方面，行政法规泛化导致政府取

---

[1] 参见 Beck P J, Maher M W. A comparison of bribery and bidding in thin markets. *Economics Letters*, 1986, 20 (86), pp. 1 – 5.

[2] 参见 Lui F T. An equilibrium queuing model of bribery. *Journal of Political Economy*, 1985, 93 (4), pp. 760 – 781.

[3] 参见吴一平、芮萌《地区腐败、市场化与中国经济增长》，载《管理世界》2010 年第 11 期，第 10～17 页；万广华、吴一平《司法制度、工资激励与反腐败：中国案例》，载《经济学》，2012 年第 2 期，第 997～1010 页；周黎安、陶婧《政府规模、市场化与地区腐败问题研究》，载《经济研究》2009 年第 1 期，第 57～69 页。

代了市场的地位，给予政府官员很多腐败和寻租空间①；另一方面，地方政府通过低税率、低地价等方式对 FDI 进行竞争，也给予政府官员违规操作的空间。"招商引资"中腐败行为的危害是显而易见的。首先，腐败行为的泛滥扰乱了以市场为主体的资源配置体系。虽然理论上腐败能在某些特定情况下提高资源配置效率，减轻"逆公地悲剧"②的不良影响，但从长远来说，只有完善产权制度，建立较为完善的市场配置资源机制，才能保障经济的长期健康发展。其次，寻租行为带来的资源浪费、错配，以及地方官员竞争 FDI 过程中倾向于能直接吸引外资方面的透支而忽视对软环境方面的支出，造成短期大量的重复建设产生的资本效率损失，将导致长期的人力资本积累不足，损害可持续发展。③ 就腐败与国际投资的关系问题，大多数实证研究的结果都支持腐败对国际投资流入具有负效应。Ades 和 Tella 的研究表明，严重的腐败现象使 FDI 驻足不前。④ 特别是，魏尚林对东亚经济发展历程中的高腐败和 GDP、FDI 的同时高增长率现象做出回答，认为"东亚例外"的假说并不成立，在其他条件相同的情况下，外国投资者会在东亚选择一个较为廉洁的国家。⑤

综上所述，腐败与 FDI 总体上存在反向关系，完善的治理制度能降低 FDI 一直力求避免的不确定性。

3. 变量的选取、数据来源及统计描述

对腐败的度量，一般包括数量方面和危害程度方面。数量方面指特定时间内社会特定层级中腐败行为发生的规模、涉及的范围等量的规定，危害程度方面指特定时间内社会特定层级中腐败行为的烈度、性质等质的规定。因为很难通过腐败查处的数量逆向推导出实质腐败的发生数，本章对腐败程度选择用各市纪委受理信访举报数与公职人员数量之比进行度量。对反腐败的度量，一方面度量腐败发生的情况，因为只有发生了腐败才会引出查处腐败；另一方面度量打击腐败的力度，反腐败成果越多，腐败被查处的比例越高，说明反腐败的力度越大。本研究参照高远的做法，采用各市被处分的公职人员人数与公职人员数量之比对反腐败力度进行度量。

---

① 参见黄健梅《法律与中国经济增长：理论与实证研究》（学位论文），中山大学 2007 年。
② 参见王文剑、仉建涛、覃成林《财政分权、地方政府竞争与 FDI 的增长效应》，载《管理世界》2007 年第 3 期，第 13～22 页。
③ 对稀缺资源来说，公共产权要么造成资源的过度利用，即"公地悲剧"；要么造成资源利用不足，即"逆公地悲剧"。
④ 参见 Ades A, Tella R D. National champions and corruption: some unpleasant interventionist arithmetic. *Economic Journal*, 1997, 107 (443), pp. 1023-1042.
⑤ 参见 Wei S J. Why is corruption so much more taxing than tax? Arbitrariness kills. *Nber Working Papers*, 1997.

本研究选取各市实际利用外资总额衡量 FDI 水平,并用每年人民币/美元汇率将其折算为人民币,选择现有文献中反映 FDI 决定因素的变量作为控制变量,总结如下:一是人均 GDP(Gross Domestic Product Por Capita,简称"GDPpc"):一般用于反映市场规模和消费潜力,对 FDI 有正的影响。二是进出口总额(Total Export-import Volume,简称"Imex"):衡量该地区对外开放程度,对 FDI 有正的影响。但如果外商为了规避贸易壁垒采取 FDI 方式进入我国市场,则进出口总额可能会与 FDI 负相关。三是人均工资水平(Average Wage,简称"Awage"):衡量地区的劳动力成本,更高的劳动力成本可能不利于吸引外资进入。但是,从人力资源水平角度看,工资水平越高反映出该地区人力资源质量越高,能对外资形成吸引力,因此人均工资水平与 FDI 的关系并不确定。四是地区投资总额(Total investment,简称"Invest"):用各市固定资产投资额衡量,反映社会总体投资环境的影响。

本研究的样本涵盖了 2005—2009 年广东各地级市的数据。地区人均生产总值、FDI、进出口总额的数据来自有关"广东省统计年鉴";公职人员数量用各市财政供养人数进行衡量,数据来源为有关"全国地市县财政统计资料";与腐败相关的数据由广东省纪委提供。实证模型中,研究者对腐败、反腐败变量外的变量进行了对数化处理,表 10 – 1 为主要变量的统计描述。

表 10 – 1 主要变量统计描述

变量	观测数	均值	标准差	最小值	最大值
Ln(GDPpc)	105	9.985 608	0.700 383	8.921 057	11.340 32
Ln(Imex)	105	3.548 047	1.751 083	0.871 293	7.493 941
Ln(Invest)	105	5.726 592	0.844 209	4.409 763	7.886 026
Ln(FDI)	105	8.383 607	1.411 859	5.931 457	11.01 696
Corrupt	105	0.017 106	0.011 584	0.002 763	0.064 097
Effort	105	0.001 917	0.001 381	0.000 181	0.008 293
Ln(Awage)	105	10.008 97	0.319 216	9.368 881	10.810 11

4. 模型与计量结果

基于上文的论述,本研究提出两个假设。假设 1:长期而言,腐败行为会损害一个地区的投资环境,对 FDI 进入产生不利影响。假设 2:由于反腐败与腐败的逆向关系,反腐力度的增强有助于改善地区制度环境,有利于 FDI 进入。基于吴一平、高远的做法,设定如下的计量模型:

$$\text{Ln}(\text{FDI}_{it}) = \alpha_1 + \beta_1 \text{Corrupt}_{it} + \beta_2 \text{Corrupt}_{it}^2 + \beta_3 \text{Effort}_{it} + \beta_4 \text{Ln}(\text{Imex}_{it}) + \beta_5 \text{Ln}(\text{Invest}_{it}) + \beta_6 \text{Ln}(\text{GDPpc}_{it}) + \beta_7 \text{Ln}(\text{Awage}_{it}) + \varepsilon_{it}$$

为了控制不可观测的地区差异以及模型中的异方差性,我们采用 FGLS 方法以及固定地区效应方法估计上述计量模型。

表 10-2 给出了对上述模型的回归结果。

表 10-2 腐败与外商直接投资回归结果

变量	固定地区效应
Corrupt	14.270*
	(7.836)
Corrupt^2	-304.600*
	(161.800)
Effort	135.300***
	(39.520)
Ln (Imex)	0.383***
	(0.027)
Ln (Invest)	0.886***
	(0.094)
Ln (GDP$_{pc}$)	-0.333**
	(0.132)
Ln (Awage)	0.508***
	(0.174)
Constant	-0.171
	(1.567)
Observations	105
Number of city	21

注：显著水平 "***" 为 1%、"**" 为 5%、"*" 为 10%,括号内为 t 值。

回归结果中,本研究最关注腐败与反腐败两个变量对 FDI 的影响。其中,Corrupt 一次项系数为 14.27,二次项系数为 -304.6,均在 10% 水平上显著,表明地区的腐败水平与 FDI 呈 "倒 U 形" 关系。这说明,尽管短期内一定程度的腐败有可能通过减少资源闲置和降低外商进入成本等途径,对引进外资产生促进作用,但长期来说,腐败会对引入外资产生严重的阻碍作用,证实了假设1。Effort 的回归系数为135.3，在1%水平上显著，表明更大的反腐力度有助于改善地区软环境，通过改善投资环境等渠道吸引更多外资，证实了假设2。其他控制变量中，进出口总额的回归系数显著为正，表明外商在选择投资地区的时候更倾向于对外开放程度高的地区；社会投资总额的回归系数显著为正，显示出社会投资总额与 FDI 的同向变化，FDI 的进入与社会投资环境的变化是同向的。但是，人均 GDP 的回归系数显著为负，与研究者的猜想有出入，由于同时引入了平均工资作为控制变量，人均 GDP 与 FDI 的负向关联可能反映出在样本区间内，经济较发达的地区由于劳动力成本等因素对外商投资的吸引力有所降低，外商直接投资在其他条件不变的情况下更愿意落户在省内经济相对不发达地区以开拓新的市场。平均工资的回归系数显著为正，表明外商更愿意选择人力资本较高的地区落户。总体来说，回归结果基本与预测吻合。

5. 稳健性讨论

本研究采取了解释变量的滞后量作为工具变量对可能存在的内生性问题进行控制，但检验结果中腐败并不是 FDI 的内生性变量，故此处不再报告采用工具变量（Instrumental Variable，简称"IV"）估计的回归结果。对于反腐败力度刻画，研究者尝试了用各市纪委每年办案数与公职人员数之比替代处分人数与公职人员数之比进行回归，回归结果中各控制变量回归系数及显著水平变化不大，腐败水平与 FDI 的"倒 U 形"关系变得不显著，但反腐败力度对 FDI 进入的正向影响仍然十分显著，说明加强反腐力度能有效提高地区对 FDI 的吸引度。

二、腐败对政府支出结构的影响——以教育支出为例

1. 研究背景

教育作为政府提供的一种重要的公共品，关系到社会人力资本的积累和经济的长期发展。1993 年，中共中央、国务院颁布的《中国教育改革和发展纲要》提出，"逐步提高国家财政性教育经费支出占国民生产总值的比例，在本世纪末达到4%"，但这一目标直至 2012 年才宣告完成。由此引出的是对财政分权体制下地方政府教育投入问题的广泛讨论。有学者指出国家性的公共支出重点——教育、公共卫生等，经常被地方的基础设施项目所取代，政府支出结构扭曲问题持续加剧。① 本研究希望结合广东腐败与反腐败的实际，实证说明

---

① 参见傅勇、张晏《中国式分权与财政支出结构偏向：为增长而竞争的代价》，载《管理世界》2007 年第 3 期，第 4～12 页；朱军《腐败问题、经济开放、现代化与地区公共支出结构》，载《浙江社会科学》2012 年第 4 期，第 4～12 页。

广东省公共支出结构是否存在全国共性或者个性的问题。

2. 机制分析

在不同的公共开支中官员进行腐败行为的难易程度存在显著差异，这一差异以及官员追逐短期内经济利益的动机，是导致政府更偏重基础设施建设而降低教育和卫生支出比重的原因。由于行政部门自我授权设立审批事项、"下位法"僭越"上位法"等原因导致行政部门主动设租。[①] 行政的垂直集权和财政分权之间的矛盾导致下级官员服从于上级官员而忽视本地民众要求。

3. 变量的选取、数据来源及统计描述

对腐败及反腐败力度的度量采取与上文相同的度量方式。本研究选择广东省各地级市教育支出占政府总支出的比重作为考察政府支出结构的主要指标，并用人均 GDP、FDI 占地区生产总值之比、进出口总额占地区生产总值之比、地区常住人口等指标控制经济发展水平、对外开放程度、人口等方面的影响。

本研究的样本涵盖了 2005—2009 年广东省各地级市的数据，地区人均生产总值、地区生产总值、FDI、进出口总额的数据来自有关"广东省统计年鉴"；公职人员数量在研究中用各市财政供养人数进行衡量，数据来源为有关"全国地市县财政统计资料"；与腐败相关的数据由广东省纪委提供。表 10-3 为变量统计描述。

表 10-3 变量统计描述

变量	观测数	均值	标准差	最小值	最大值
Edu	105	0.212 089	0.045 555	0.085 082	0.319 369
Corrupt	105	0.017 106	0.011 584	0.002 763	0.064 097
Effort	105	0.001 917	0.001 381	0.000 181	0.008 293
Ln (GDPpc)	105	9.985 608	0.700 383	8.921 057	11.340 32
FDI	105	0.000 682	0.000 463	$3.69E-05$	0.001 756
Ln (Imex)	105	0.490 788	0.491 218	0.024 224	1.884 261
Ln (Pop)	105	5.992 518	0.480 734	4.952 794	6.940 654

注：Pop 为 population 的简称。

4. 地区腐败对政府教育支出的影响：一个简单的回归模型

本研究设定如下计量方程对地区腐败与政府教育支出进行实证回归：

---

① 参见盛洪《长城与科斯定理》，上海远东出版社 2011 年版。

$$Edu_{it} = \alpha_1 + \beta_1 Corrupt_{it} + \beta_2 Effort_{it} + \beta_3 \text{Ln}(\text{GDPpc}_{it}) + \beta_4 \text{FDI}_{it} + \beta_5 \text{Ln}(\text{Imex}_{it}) + \beta_6 \text{ln}(\text{pop}_{it}) + \varepsilon_{it}$$

为了控制不可观测的地区差异以及模型中的异方差性，本研究采用 FGLS 方法以及固定地区效应方法估计上述计量模型。

表 10-4 给出了该模型的实证结果。

表 10-4　腐败与政府教育支出回归结果

变量	固定效应
Corrupt	-0.840**
	(0.376)
Effort	8.050**
	(3.211)
Ln（GDPpc）	-0.007 27
	(0.005 89)
FDI	-7.916*
	(4.683)
Ln（Imex）	-0.042 7***
	(0.008 81)
Ln（Pop）	-0.007 16
	(0.007 09)
Constant	0.353***
	(0.057 4)
Observations	105
Number of city	21

注：显著水平"***"为1%、"**"为5%、"*"为10%，括号内为 t 值。

回归结果显示，Corrupt 的系数为 -0.840 且在 5% 的水平上显著，表明在控制了地区发展水平、人口因素、对外开放程度等因素后，腐败对政府教育支出比例有显著的负相关关系，这一结果与 Mauro、吴俊培、姚莲芳、朱军的研究结果一致。① Effort 的系数为 8.050，且在 5% 水平上显著。Effort 的回归系数远大于 Corrupt 的回归系数，这表明更强的反腐力度甚至能够扭转由于腐败造成的财政支出结构扭曲问题。人均 GDP 和人口的回归系数并不显著，可能反映出政府的教育支出水平与地区经济发展水平并无直接关系，而对政府教育支出产生影响的人口因素可能更多的是人口的结构而非人口的数量。FDI 与 Imex 的回归系数均显著为负，可能的解释是，一方面，开放程度高的地区一般政府财政收入较高，可以用更低比例的教育支出保障地区教育事业发展；另一方面，开放程度高的地区，倾向于将更多财政资源用于投资性支出，用以吸引外资进入，从而挤占了教育支出。

三、腐败对居民收入差距的影响

1. 腐败导致居民公共品获取机会不平等

吴敬琏指出，行政腐败和对资源的垄断已经成为贫富分化最重要的原因。② 寻租的存在会造成社会无谓浪费，也就是说，政府供给公共品的效率会受到权力寻租的影响，导致政府"介入失灵"。就我国改革开放以来的政府财政分项支出经验来看，教育、医疗、社会保障和福利等有利于增加低收入居民收入流的支出项所占的比例长期维持在低水平线上，这种失衡结构下的政府支出可能更多的是惠及中高收入组居民和城镇居民，使得城乡居民间的收入不平衡随着财政支出的增加而进一步恶化。

2. 腐败导致居民就业机会不平等

陈刚等指出，腐败恶化了城镇各收入组居民间就业机会的不平等。③ 因为，中国劳动力市场的改革还远远没有完成，城镇劳动力市场上目前依然存在着各种制度性和非制度性的进入壁垒，特别是在进入那些垄断的高收入行业时，各收入组居民可能就面临着不一样的门槛。对于那些拥有更多行贿的经济和政治资源的高收入居民来说，他们可以通过寻租的方式得到高收入行业的就业机会。腐败所造成的收入不平等是"不公平"的，这种收入不平等蕴藏着

---

① 参见 Mauro P. Corruption: causes, consequences, and agenda for further research. *Finance & Development*, 1998；吴俊培、姚莲芳：《腐败与公共支出结构偏离》，载《中国软科学》2008 年第 5 期，第 8～14 页；朱军：《腐败问题、经济开放、现代化与地区公共支出结构》，载《浙江社会科学》2012 年第 4 期，第 4～12 页。

② 参见吴敬琏《收入差距过大的症结》，载《经济研究信息》2006 年第 10 期，第 19～20 页。

③ 参见陈刚、李树、吕惠娟《中国的腐败与城镇居民收入不平等——基于收入来源的分解分析》，载《制度经济学研究》2011 年第 4 期，第 90～114 页。

巨大的社会经济风险。从这个角度看，反腐败政策也应关注并瞄准在破除劳动力市场的进入壁垒效应等方面。

3. 腐败程度对城乡收入差距的影响

城乡收入差距大是制约广东省深化改革和持续发展的重要障碍。如图10－1所示，2005—2012年，广东省的城乡收入差距虽然在不断缩小，但是下降速度不快，且会反弹。城镇居民人均可支配收入一直是农村居民人均纯收入的3倍左右，城镇居民的人均消费性支出保持在农村居民的3倍以上。腐败会造成公共资源大量流失以及城乡居民就业、受教育等公共服务机会不均等，导致城乡收入差距居高不下。反腐力度的加大则会缓解城乡收入差距的扩大，促进社会公平。

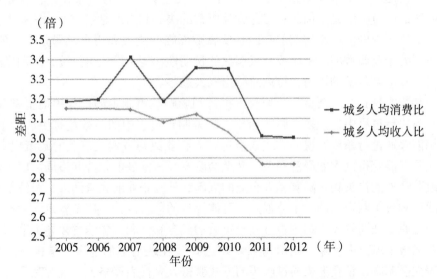

图10－1　广东省2005—2012年的城乡居民收入和消费差距统计

第十一章　广东反腐败的趋势及腐败治理的经济学建议

一、广东反腐败的趋势

从我国的反腐败斗争形势看，可用"历史上四个空前"来概括：一是腐败问题的严重程度是空前的；二是党反腐败的决心和力度是空前的；三是人民群众对反腐败的信心是空前的；四是反腐败面临的挑战和历史机遇是空前的。广东正处于反腐败的攻坚阶段，反腐败的长期性和复杂性仍将持续，从制度经济学、政治经济学的视角，可以总结出三大趋势。

趋势之一：经济精英从影响政策执行到影响政策制定的过程中衍生腐败。与政策执行过程中的众多小腐败相比，政策制定过程中的腐败危害更加严重。如果能够通过行贿或游说的方式取得对私人企业或地方发展有利的政策规定，那么不仅能获得巨大的经济利益，甚至会改变经济发展的趋势和格局。广东作为改革开放的排头兵，随着私人企业的兴起和外资企业的大量涌入，经济精英试图影响政策制定的冲动十分强烈，可能导致的危害巨大。广东省政府发展研究中心原主任谢鹏飞，利用服务领导决策的机会和便利，影响省领导决策，为企业老板牟取巨大利益。湖南衡阳"贿选案"在政治上的危害，是挑战人民代表大会制度，私企老板通过收买的方式获得人大代表资格，严重扰乱了人大代表的成员结构，进而很有可能会影响决策。广东虽然没有发生类似的严重案件，但私企老板通过行贿获取人大代表、政协委员资格的案件还是时有发生，应当引起重视。

趋势之二：反腐从反黑色腐败转向反灰色腐败。经济改革的重中之重是要划分政府和市场的界限，剥离政府对市场的过度干预之手。灰色腐败是从中央集权的计划经济体制向市场经济体制渐进转轨的遗产之一。灰色腐败的存在模糊了公域和私域的界限，提高了社会对腐败行为的容忍度，是滋生黑色腐败的温床。因此，全面深化改革的过程，也是反腐从以往的反黑色腐败向反灰色腐败转变的过程。消除灰色领域的努力不仅有助于明晰公域和私域的界限，解决利益冲突问题，而且对于提高政府效率、提高透明度和治理能力也都至关重要。对灰色腐败的治理不能简单地靠教育和惩治，更重要的是进行系统的改革，铲除其产生的制度土壤。

趋势之三："法治反腐"是建立反腐制度体系的重中之重。党的十八届四中全会第一次将"依法治国"作为会议主题，表明了中央对法治建设的极大重视。协调推进"四个全面"战略布局的提出，则把"全面从严治党"提高到完善社会主义制度、实现国家现代化的战略高度。对广东而言，法治在推动全面深化改革的过程中起着"推动器"和"稳定器"的作用——"深水区"的改革必须以法律先行，才能逐步破除障碍；经济生活中的方方面面也需要由法律提供制度保障，以稳定经济主体的预期。在全面推进依法治国这一多层次、多方面的系统工程中，建立起"法治反腐"的制度体系是最为迫切的任务之一，有利于对党委政府权力形成有效的监督和限制，使其更加有效地为人民利益运作。

二、他山之石——国外腐败治理先进经验借鉴

1. 完备廉政法规，严格约束公务员的行为

世界范围内廉洁程度比较高的国家和地区普遍颁布了专门的廉政法律法规，通过立法规范公务人员行为。有关廉洁从政的法律规定概括为强制、预防和惩戒三个方面：①强制性规定，即制定法规，禁止或者限制公务员的某些行为，使其清廉从政。例如，英国、德国、瑞典、奥地利、日本、美国等国的法律都明文规定，公务员在任职期间未经所属机关批准，不得兼任各种公司、企业和商行中的经理等职，不得从事自由职业如创办企业等。又如，美国《政府道德法》规定，公务员接受价值300美元以上的礼品必须做出说明，并将礼品上交。②预防性规定。许多国家通过预防性立法，制定了回避制度、财产申报制度和政府官员交流制度等。例如，美国的《政府伦理法案》规定，总统、副总统、国会议员、联邦法官，以及美国行政、立法、司法三大机构的工作人员，必须在任职前报告并公开自己以及配偶的财务状况，包括收入、个人财产等；任职期间还须按月申报，逾期不报将受司法部起诉。申报单由廉政办公室负责审查，一旦发现有违法收入，立即处理。申报单可供公众和新闻机构随时查阅。如发现政府官员有犯罪行为，司法部可任命享有独立权力的检察官进行调查。③惩戒性规定。对于公务员贪污受贿、以权谋私等行为，明确规定了惩戒措施。

2. 厚俸养廉，实行国家官员高薪制

厚俸养廉，是很多国家保证公职人员为政清廉的一项重要措施。这通常包

括几个方面：①保证公职人员有优厚的工资。如美国《联邦薪水法》《联邦工资比拟法》规定，联邦雇员的工资要同私营部门人员的工资相当。②公职人员可以自动加薪。西方一些国家的公务员只要无重大过失，即可定期加薪。在奥地利，正常情况下官员的工资每2年上升一次。各类官员的工资如上升到顶点，则每年发给相应的工龄补贴。③工资与物价指数挂钩，保证公务员实际收入不至于下降。美国自20世纪60年代开始，公务员的工资就一直随物价指数的变动自动调整。④发放津贴和奖金。在一些发达资本主义国家，公务员津贴奖金的收入也颇为可观。例如，在英国，这项收入占公务员收入的10%～20%；在法国、德国、日本等国，则占公务员收入的30%～50%。⑤提供社会保障。如公务员的职业保障，实行"无过失长期任职"的职务常任制，业务类公务员还可终身任职。《日本国家公务员法》规定，公务员若不是因法律规定和人事院规则的事由，不得强行降职、休职和免职。又如在退休方面，西方一些国家的公务员的退休待遇要比私营部门优厚。美国公务员的退休金平均占公务员原工资的56%，而私营部门的退休年金只占职工原工资的30%左右。这些优厚的报酬和待遇，成为保障公务员自我约束、忠于职守的物质基础，导致公务员一般不会选择贪腐而冒丢失职位和优厚报酬的风险。

3. 对公职人员实施全方位的监督

建立比较完备的监督控制网络，是反腐败的重要措施。主要有：①议会监督。议会通过听证会制度、质询制度、不信任投票、弹劾制度等，抑制或监督政府公职人员的为政不廉行为。②舆论监督。西方国家舆论揭露政府腐败丑闻，受法律保护。新闻界同行之间激烈的竞争，也迫使他们为争取读者和听众、观众，而千方百计地调查政府高级官员的活动，一旦发现任何不轨行为的蛛丝马迹则穷追不舍，使政府高级官员很难长期营私舞弊而又不被发现。如美国尼克松时期的"水门事件"、里根时期的"伊朗门事件"等，正是媒介和舆论的监督发挥了主要作用。③民众监督。如瑞典是最早开放政府记录供民众查询政府官员财产情况的国家。早在230多年前，瑞典任何一个公民都有权查看官员直至首相的财产及纳税清单，该制度一直延续至今。④廉政评估。例如，韩国根据公众对腐败问题的投诉情况和公民问卷调查结果等，发布政府部门清廉评价指数，并以白皮书方式向社会发布；清廉指数低的政府部门的部长要定期在媒体上轮流接受公众和专家的质询。

4. 建立廉政监督机构并赋予较大权力

一些国家和地区的经验证明，独立、有权威、体系完备、强有力的国家廉政监督机构，是廉政建设所不可缺少的。这种机构在美国有"公务员风纪署"、在法国有"惩戒委员会"、在日本有"政治伦理审查会"、在奥地利有

"纪律委员会",以及在新加坡有反贪污局等,都是国家级廉政监督工作机构。各国都通过立法赋予廉政工作机构很大的权力,并且从机构设置、人员配备、领导体制等方面加以规定。

5. 严格任用和考核,保持公务员队伍的高素质

严格公职人员的考核任用机制,主要有四个方面:①竞争机制。不断优胜劣汰,提高了公务员的素质,保证了政府的廉洁与高效。在公务员的任用上,确立了公开考试、择优录用的原则。从公务员的资格要求、主考机构到考试方法、考试内容以及录取办法和试用期限,都有明确的规定;同时建立了严格的考核、晋升和奖惩制度。②法律机制。依法管理公务员,但公务员的各种权利也得到充分保证,无论在职还是退休,都较少有生活上的压迫感和危机感,这是公务员廉洁奉公的思想作风得以培植和强化的制度基础。③道德机制。促使公务员循规蹈矩,敬畏规则。西方各国对公务员个人的职业道德要求普遍较高。职业道德的内容,在公务方面主要表现在守法和尽职两个方面,在个人品质方面主要强调廉洁和服务态度。④监督机制。监督机制所起的作用好比一把戒尺,能戒人之心、限人之行、罚人之金,以有效地维护法律尊严,保持政府廉洁。

三、广东腐败治理的经济学建议

从经济学的视角来说,反腐败在制度设计上必须考虑"制度约束"与"激励包容"相结合,通过改变官员个人"腐败收益"和"腐败成本"的变动比例、压缩权力与腐败交易的市场空间,通过反腐败法律制度的完善,建立起以法制为基础、以经济引导为重要手段的反腐败体系,影响官员对腐败成本和收益比较的理性经济人的决策,最终达到抑制腐败的目的。

1. 建立健全事前预防和激励制度,降低腐败交易的收益,让官员"不愿腐"

不仅要重视建立事中的监督与事后的追惩机制,还要建立能有效运作的事前引导与预防机制;不仅要依靠制约惩罚手段来反腐败,还要制定基于合理利益考量基础上的正向激励措施。激励缺位是公务人员因"灰色收入""黑色收入"、贪污受贿的重要动因之一。因此,预防腐败要充分发挥经济利益导向机制,降低腐败发生的动因,使公务员"不必腐败""不想腐败"。

建立以物质利益激励为核心的激励机制。建立标准统一的"大工资、小奖金、高福利"的"以薪养廉"制度。以我国现在的条件,通往对公务人员实行高薪的路还很长,但仍需要以利益为导向,用制度解决公务员收入方面的种种问题。依据按劳分配、按劳取酬的原则,提高公务人员人均社会贡献率和

与之相对应的报酬率,保证其可以依靠这种合法收入养活自己和家庭,能够过上相对有保障的生活。施行工资递增机制。完善公务员职级晋升制,使公务员在职务不能提升的情况下也可以享受更高的工资待遇;工资增长同物价水平挂钩;对廉洁奉公、勤奋工作的公职人员适当进行物质奖励,提供包括生活性福利补贴、地区性生活补贴、艰苦和危险工作岗位津贴在内的良好的福利保障,以保证其恪尽职守。同时,建立公职人员养老金制度和廉政保证金制度,使公职人员老有所养。一旦公职人员在任职期间因廉政问题被判刑或开除公职,则该笔款项全部没收上缴国库。

探索建立以财产公开为核心的引导机制。推动出台财产申报法和财产公开法,对官员的隐私权做出法律上的明确规定,明确财产申报和公开的对象、时间、内容、违法处罚等;完善政策、多管齐下,建立相关的信息机制、公开机制、查询机制、监督机制、备案机制等一系列专门措施,保证官员申报财产的准确性与公信力。

重视精神荣誉激励的应有作用。任人唯贤,唯才是用。坚持"日常考核、专项考核、年度考核"相结合,以工作实绩和贡献考察其德才,不能简单强调工作经验和年资积累。坚持"考任制、选任制、委任制"相结合,以选任制选拔具有群众威望的领导,以委任制提拔有凝聚力的领导,以考任制录用有真才实学的领导,综合发挥三种选拔方式的优点并以聘任制为补充发挥领导任职的灵活性和挑战性,不拘一格选用人才。

2. 完善事中监督制约机制,压缩腐败交易的市场空间,让官员"不能腐"

制度建设的意义首先在于明确地传达给官员这样的信息:什么样的行为选择将一定导致什么样的后果,通过制度提供一个稳定的事后预期。好的制度是根据自身的资源禀赋投入生产性领域的程度与贡献来决定个人报酬,从而使人愿意进行"生产性努力";坏的制度使个人报酬与其在生产性领域投入的资源和贡献不相匹配,从而通过不法行为大发横财,导致个人将资源与精力投向"分配性努力",用于争取在已有的"蛋糕"中划分出更大的一块,这样的结果将形成腐败的文化氛围,即"不腐败者不得食"。建立良好的制度和监督制约机制,应把握以上原理,推动在改革中形成"生产性努力"的正向激励,消除腐败的文化元素。

加大行政管理体制的改革力度,铲除滋生腐败的土壤和条件。坚持改革限权,解决权力过多干预市场的问题风险。规范工程建设招投标、土地使用权出让、产权交易和政府采购等制度,更加充分地引入市场机制,堵塞"寻租"空间。加大政府机构改革力度,规范办事程序,提高办事效率。推进政务公开,建立信息对称的渠道,减少因信息不透明造成的腐败的滋生空间。

以提高监督效益、降低监督成本为目标，构建具有中国特色的监督体系。加强监督的总体规划，避免各种监督机构的相互碰撞，使各种监督机构既能发挥积极性、主动性和创造性，又能发挥监督系统的整体功能。推动监督权的相对独立，强化纪检监察机关的监督职能，为对同级党委的监督提供有效的组织架构和工作机制。增强自下而上的监督，将权力入"笼"，"钥匙"交给人民。重视互联网和新媒体的作用，畅通社情民意监督的渠道。

3. 严格事后惩罚机制，增加腐败的成本，让官员"不敢腐"

在现有的纪律和法律处罚基础上强化经济性惩罚。对贪污、受贿的非法所得应予彻底追缴，对已经挥霍的非法所得，应提起附带民事诉讼。同时，对贪污受贿腐败者应处以罚款或罚金；还要对贪污受贿行为进行追诉成本核算，向腐败分子征收诉讼费用。

参考文献

[1] （美）埃里克·弗鲁博顿，（德）鲁道夫·芮切特. 新制度经济学：一个交易费用分析范式［M］. 姜建强，罗长远，译. 上海：上海人民出版社，2006.

[2] （美）布坎南. 自由、市场与国家［M］. 吴良健，桑伍，曾获，译. 北京：北京经济学院出版社，1988.

[3] （美）加里·贝克尔. 人类行为的经济分析［M］. 王业宇，陈琪，译. 上海：上海人民出版社，1995.

[4] Ades A, Tella R D. National champions and corruption: some unpleasant interventionist arithmetic［J］. Economic Journal, 1997, 107（443）: 1023-1042.

[5] Ades A, Tella R D. The causes and consequences of corruption: a review of recent empirical contributions［J］. Ids Bulletin, 1996, 27（2）: 6-11.

[6] Beck P J, Maher M W. A comparison of bribery and bidding in thin markets［J］. Economics Letters, 1986, 20（86）: 1-5.

[7] Chan T M H. China's price reform in the period of economic reform［J］. Australian Journal of Chinese Affairs, 1987（18）: 85-108.

[8] Friedman E, Johnson S, Kaufmann D, et al. Dodging the grabbing hand: the determinants of unofficial activity in 69 countries［J］. Comptes Rendus Mathematique, 2006, 342（9）: 671-674.

[9] Gupta S, Davoodi H, Alonso-Terme R. Does corruption affect income inequality and poverty?［J］. Economics of Governance, 1998, 3（1）: 23-45.

[10] Huntington S P, Fukuyama F. Political order in changing societies［J］. Foreign Affairs, 1968, 63（3）: 149-152.

[11] Lui F T. An equilibrium queuing model of bribery［J］. Journal of Political Economy, 1985, 93（4）: 760-781.

[12] Mancuso M. Political corruption: a handbook［J］. Canadian Journal of Political Science, 1989（22）.

[13] Mauro P. Corruption and growth［J］. Quarterly Journal of Economics, 1995, 116（3）: 1329-1372.

[14] Mauro P. Corruption: causes, consequences, and agenda for further research［J］. Finance & Development, 1998.

[15] Mauro P. The Effects of corruption on growth, investment, and government expenditure: a cross-country analysis［J］. Institute for International Economics, 1997.

[16] Mauro P. Why worry about corruption?［J］. Imf Economic, 1997: 1-15.

[17] Mitchell A Seligson. The impact of corruption on regime legitimacy: a comparative study of four Latin American countries［J］. Journal of Politics, 2002, 64（2）: 408-433.

[18] Wei S J. Why is corruption so much more taxing than tax? Arbitrariness kills［J］. Nber Working Papers, 1997.

[19] 陈刚,李树,吕惠娟. 中国的腐败与城镇居民收入不平等——基于收入来源的分解分析 [J]. 制度经济学研究, 2011 (4): 90-114.

[20] 陈准. 农村扶贫中的"非贫困户"寻租现象分析 [J]. 安徽农学通报 (下半月刊), 2011 (10): 12-14.

[21] 傅勇,张晏. 中国式分权与财政支出结构偏向:为增长而竞争的代价 [J]. 管理世界, 2007 (3): 4-12.

[22] 郭东. 理性犯罪决策——成本收益模型 [J]. 广西社会科学, 2007 (8): 84-88.

[23] 过勇. 经济转轨、制度与腐败 [M]. 北京:社会科学文献出版社, 2007.

[24] 过勇. 中国转轨期腐败特点和变化趋势的实证研究 [J]. 公共管理评论, 2008 (1): 63-77.

[25] 胡鞍钢,过勇. 公务员腐败成本—收益的经济学分析 [J]. 经济社会体制比较, 2002 (4): 33-41.

[26] 胡鞍钢,过勇. 公务员腐败成本与收益的经济学分析 [J]. 北京观察, 2002 (9): 36-39.

[27] 黄健梅. 法律与中国经济增长:理论与实证研究 [D]. 广州:中山大学, 2007.

[28] 景维民. 经济转型的阶段性演进与评估 [M]. 北京:经济科学出版社, 2008.

[29] 李健. 西方寻租理论探析 [J]. 经济学家, 1997 (4): 88-92.

[30] 李捷瑜,黄宇丰. 转型经济中的贿赂与企业增长 [J]. 经济学, 2010 (3): 1467-1484.

[31] 李坤,李汉生,张才龙. 一个县公安局长的末路 [J]. 瞭望, 1991 (9): 20-22.

[32] 梁炜,任保平. 中国经济发展阶段的评价及现阶段的特征分析 [J]. 数量经济技术经济研究, 2009 (4): 3-18.

[33] 刘国光. 改革十年 [J]. 金融科学, 1989 (1): 1-8.

[34] 刘汉霞. 我国权力寻租的影响因素研究 [D]. 广州:华南理工大学, 2010.

[35] 罗党论,应千伟. 政企关系、官员视察与企业绩效——来自中国制造业上市企业的经验证据 [J]. 南开管理评论, 2012 (5): 74-83.

[36] 马海军. 转型期中国腐败问题比较研究 [M]. 北京:知识产权出版社, 2008.

[37] 强恩芳. 我国当前的行政执行与政府执行力研究 [J]. 行政与法, 2008 (1): 11-14.

[38] 邵帅,齐中英. 西部地区的能源开发与经济增长——基于"资源诅咒"假说的实证分析 [J]. 经济研究, 2008 (4): 147-160.

[39] 盛洪. 长城与科斯定理 [M]. 上海:上海远东出版社, 2011.

[40] 盛宇明. 腐败的经济学分析 [J]. 经济研究, 2000 (5): 56-57.

[41] 世界银行. 1997年世界发展报告:变革世界中的政府 [M]. 蔡秋生,译. 北京:中国财政经济出版社, 1997.

[42] 广东省统计局. 广东省国民经济和社会发展统计资料:1949—1989 [G].

[43] 万广华,吴一平. 司法制度、工资激励与反腐败:中国案例 [J]. 经济学, 2012 (2):

997-1010.

[44] 王文剑, 仉建涛, 覃成林. 财政分权、地方政府竞争与FDI的增长效应[J]. 管理世界, 2007 (3): 13-22.

[45] 王小鲁. 灰色收入与居民收入差距[J]. 中国税务, 2007 (10): 48-49.

[46] 王哲敏. 我国转型时期腐败现象的经济学分析[D]. 长春: 吉林大学, 2006.

[47] 吴敬琏. 当代中国经济改革[M]. 上海: 上海远东出版社, 1999.

[48] 吴敬琏. 当代中国经济改革教程[M]. 上海: 上海远东出版社, 2010.

[49] 吴敬琏. 收入差距过大的症结[J]. 经济研究信息, 2006 (10): 19-20.

[50] 吴俊培, 姚莲芳. 腐败与公共支出结构偏离[J]. 中国软科学, 2008 (5): 8-14.

[51] 吴一平, 芮萌, 等. 地区腐败、市场化与中国经济增长[J]. 管理世界, 2010 (11): 10-17.

[52] 肖扬. 反贪报告: 共和国第一个反贪污贿赂工作局诞生的前前后后[M]. 北京: 法律出版社, 2009.

[53] 薛白, 赤旭. 土地财政、寻租与经济增长[J]. 财政研究, 2010 (2): 27-30.

[54] 余明桂, 回雅甫, 潘红波. 政治联系、寻租与地方政府财政补贴有效性[J]. 经济研究, 2010 (3): 65-77.

[55] 曾广灿. 广东省经济改革九年回顾[J]. 改革, 1988 (2): 115-121.

[56] 张鹏. 我国公务员集体腐败问题研究——基于过程模型的视角[J]. 政治学研究, 2011 (5): 67-73.

[57] 张宇. 过渡之路[M]. 北京: 中国社会科学出版社, 1997.

[58] 赵旻. 论我国经济转轨发展的四个阶段[J]. 经济学动态, 2003 (3): 4-8.

[59] 郑利平. 腐败成因的经济理性与预期效用的论析[J]. 中国社会科学, 2001 (1): 91-99, 207.

[60] 郑英隆. 成绩显著, 形势严峻, 试验区怎么办?——广东理论界、实际工作者研讨综合改革的理论与对策[J]. 学术研究, 1988 (6): 6-14.

[61] 周黎安, 陶婧. 政府规模、市场化与地区腐败问题研究[J]. 经济研究, 2009 (1): 57-69.

[62] 周淑真, 聂平平. 改革开放以来我国腐败状况透视和反腐败战略思路的变迁[J]. 浙江社会科学, 2009 (1): 56-61.

[63] 朱军. 腐败问题、经济开放、现代化与地区公共支出结构[J]. 浙江社会科学, 2012 (4): 4-12, 155.

第三编

社会学视角

　　权力腐败，既是危及社会稳定的政治毒瘤，又是影响社会前行的政治雾霾。因此，研究并清除权力腐败，对于中国社会的健康持续发展和实现中华民族的伟大复兴，均具有重大意义。

　　本编分为三章，即第十二章分析权力腐败的现状，第十三章从权力惯习与社会生态两个方面探讨权力腐败的社会成因，第十四章基于上述研究提出权力制约的建议。

第十二章　权力腐败的现状与社会学研究

作为权力腐败研究的事实前提和理论前提，本章首先从全国和广东两个层面分析权力腐败的现状，然后在介绍不同学科对权力腐败研究的基础上，重点介绍和分析社会学对权力腐败的研究。

一、权力腐败的现状

1. 全国范围的现状分析

改革开放之后，中国腐败数量呈波浪式变化，如图12-1所示。近年来，反腐败力度不断加大。一方面，越来越多的人认识到腐败的危害，反腐败的措施不断创新；另一方面，反腐败工作未能从根本上遏制腐败，腐败问题仍是中国社会面临的最大挑战之一。这决定了中国社会进入反腐败新时期，需要重新审视与定位腐败，研究腐败的规律与特征。研究权力腐败的现状是研究腐败问题的第一步，根据已有资料可知，全国范围的腐败现状至少可以归纳为三个方面的内容。

一是反腐败刑事立案数量总体平稳，在2012年以后急剧上升。检察机关的职务犯罪立案数在1980—2010年的30年间呈现出5年的"周期式波浪"特征，但总体上比较平稳，基本维持在6万件以下；进入2012年后开始出现"井喷式"发展，2014年共立案侦查各类职务犯罪案件41 487件55 101人，是2012年以前每年立案数的3倍以上。不过，立案数的增加不一定能证明腐败严重程度的加剧，反而可以证明反腐败力度的加大。

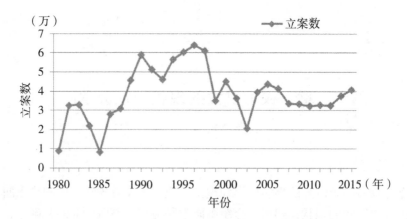

图 12-1　中国 1980—2015 年腐败立案数统计

数据来源：最高人民检察院 1981—2015 年工作报告。

二是向反贪部门举报腐败的数量先降后升，且在不同年份波动较大。如图 12-2 所示，20 世纪 80 年代，腐败举报数量居高不下；进入 20 世纪 90 年代后，举报数量波折起伏；跨入 2000 年以后，腐败举报数量总体上升；2012 年全国的各类举报数量高达 80.5 万条。这种起伏，既说明不同年份腐败问题的变数，也说明对腐败问题的发现渠道、举报的便捷程度在不同年份的变化，以及中央和地方在不同年份部署实施的反腐策略和措施所激发的群众举报热情带来举报数量的变化。

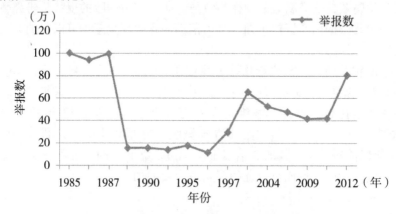

图 12-2　中国 1985—2012 年腐败举报数统计

数据来源：最高人民检察院 1986—2013 年工作报告。

三是治理腐败不断发力的同时，公众对腐败的感知越来越强烈。一方面，改革开放以来，中国政府始终坚持发展经济和反腐败"两手抓，两手都要硬",始终高度重视反腐败工作,并且在惩治贪腐、体制改革和法规制度建设方面发力,不断解决腐败问题,取得明显进展。这无论是在国内一些机构的民意调查,还是在一些国际机构的跟踪调查中都能得到印证。中国在"透明国际"的清廉指数排行榜上的得分,已经从20世纪90年代的2.2分上升到2015年的4.0分。2014年的得分下滑,和党的十八大以来强力反腐、大量披露腐败大案的细节所造成的强烈冲击有关。这种冲击虽然本身是因为反腐败发力所致,但也可能造成腐败越来越严重的错觉。另一方面,随着信息技术特别是自媒体的普及,腐败越来越容易被发现,腐败个案对公职人员整体形象的负面影响越来越大,公众对腐败的感知越来越清晰、直白和强烈,从而可能得出"无官不贪"的错误结论。

2. 广东现状分析

选择广东作为研究腐败的样本具有特殊的理论与现实价值。首先,广东地处改革开放前沿地带,市场经济较发达与市场规范程度不足并存,腐败现象突出,如在1980年到2000年的历年最高人民检察院工作报告中,援引广东的典型案例达到18次。其次,广东属于岭南文化圈,众所周知,岭南文化崇尚务实,热衷经商。再次,广东在地缘位置上毗邻港澳地区,开放程度比较高,容易受到外部环境的影响。此外,广东处于工业化、城镇化高速发展的阶段,地区发展不均衡,不同地区腐败现象有其自身特点。总之,研究广东的腐败现象对于全国具有重要的借鉴意义。1990—2015年广东省纪检监察机关共立案查处接近11万宗,其中处分厅级干部约566人、县处级干部5 039人、党员近8.5万人。广东的腐败现状可以概括为五个方面的特点。

一是广东的立案查处数总体上升,远高于全国平均水平。广东省2003—2015年的腐败立案增长率在-12.6%与149%之间波动(见图12-3),平均值为19%。峰值出现在2011年,究其原因在于2011年广东在全省开展"三打两建"活动,"三打"是指打击欺行霸市、打击制假售假、打击商业贿赂等。

二是广东的腐败立案数在全国占比较大。与全国立案数相比(见图12-4),广东的腐败立案数在全国的占比呈现出"M"型特征,最低值出现在2003年,约为2.3%;最高值出现在2012年,占比约为21.2%。在2003—2015年的13年间,广东在全国年均占比高达9.6%。

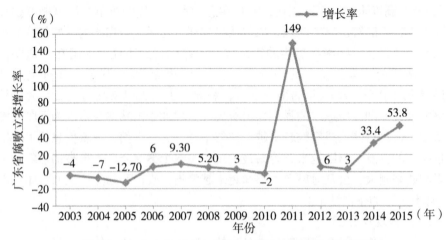

图 12-3　广东省 2003—2015 年腐败立案增长情况统计

数据来源：广东省纪委 2004—2015 年全会工作报告。

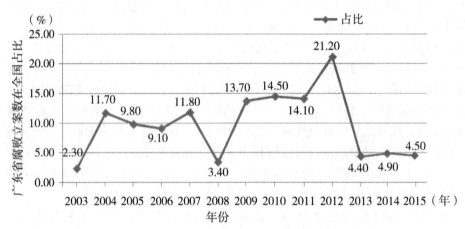

图 12-4　广东省 2003—2015 年腐败立案数全国占比统计

数据来源：广东省纪委 2004—2015 年全会工作报告。

三是广东查处的大案要案比例较高。这可以从两个方面来看：一方面是立案调查的县处级以上干部比例先降后升，如图 12-5 所示，另一方面是挽回经济损失在 2008 年以后总体上升，如图 12-6 所示。办案挽回损失的情况有一定的随机性，这与查办的具体案件所处的领域有关，也和案件当事人的具体情形有关，很难根据挽回经济损失的情况推断反腐败力度或腐败的严重程度。

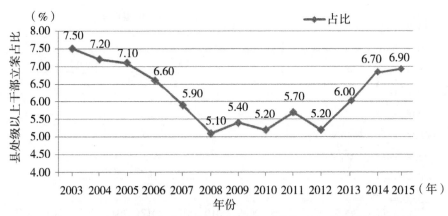

图 12-5　广东省 2003—2015 年立案调查的县处级以上干部增长情况统计

数据来源：广东省纪委 2004—2015 年全会工作报告。

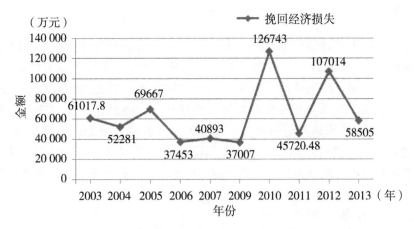

图 12-6　广东省 2003—2013 年挽回经济损失情况统计

数据来源：广东省纪委 2004—2013 年全会工作报告。

四是广东的信访举报增长率波动较大。从图 12-7 可知，广东省 2004—2015 年的信访举报增长率波动较大。在腐败形势严峻的情况下，这种波动的一个重要因素是对腐败的治理强度，具体年份的波幅受当年反腐败工作相关措施的影响较大，开展反腐败专项治理年份，或者基层换届年，信访举报量通常有大幅增长。

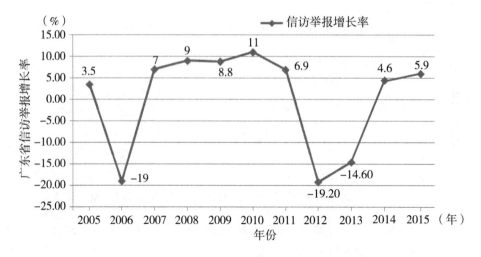

图 12-7　广东省 2005—2015 年信访举报增长率

数据来源：广东省纪委 2006—2015 年全会工作报告。

五是中共中央政治局关于改进工作作风密切联系群众的规定（简称"中央八项规定"）实施以来，广东的作风建设成效明显，但反弹压力仍然很大。党的十八大以来，广东坚决贯彻中央八项规定精神，持之以恒地整治形式主义、官僚主义、享乐主义和奢靡之风，坚持暗访、曝光、查处、追责"四管齐下"，严肃查处顶风违纪问题，对典型案件点名道姓曝光，形成持续震慑，"不敢腐"的态势整体形成，但基础还不够稳固，"四风"得以存在的深层次问题还没有根本解决，顶风违纪的问题还比较突出，存在反弹、回潮的危险。

二、以往研究概要

权力腐败是一种复杂的社会现象，任何单一学科都无法对其完全阐释，很有必要从多学科视角进行研究。

1. 多学科研究

一是政治学视角的研究。腐败研究是政治学的核心话题之一。有学者通过数据证实，政府对经济活动干预多的国家比市场化程度高的国家腐败要严重。中国腐败现象自改革开放伊始急剧上升，缘于对权力控制的弱化。不受制约的权力必然导致腐败，这个过程中若无社会因素的制约，腐败心理就会催化腐败的产生。这方面的研究主张建立权力的制约机制，强调任何一种权力都不能脱离其他权力的制约而任意行使。对于权力的关注抓住了腐败问题的核心，从而将腐败问题转化成权力问题。

二是经济学视角的研究。早期的腐败研究多侧重于腐败的后果与影响，大量的实证研究表明，腐败对于经济发展具有负面影响。在腐败成因方面，有观点认为，一个国家的腐败状况和程度同这个国家的政治制度并没有必然的因果关系，而主要取决于经济发展程度，否则无法解释为什么在"透明国际"的廉洁排行榜的最后10名几乎是清一色的三权分立的国家，包括孟加拉国、尼日利亚、印度尼西亚等。在腐败成因中，"寻租"一度成为腐败的代名词。经济学视角在腐败研究假设方面采用成本—收益原理分析腐败现象，通过建立腐败的成本—收益模型分析官员的行为选择，提出遏制权力寻租、期权化现象，从而提高腐败的成本。这类研究强调个体的理性考量，有助于解释个体的腐败成因。同时，经济学强调经济转轨对非正式制度的影响，带来了政府权威下降、拜金主义盛行，将腐败嵌入宏观的社会环境中去，揭示腐败现象的社会原因。但经济学中关于腐败与经济发展的关系长期存在争论。

三是文化学视角的研究。文化在权力腐败中的作用可分为两个方面。一方面，催生消极作用。中国人传统上多以做官为人生的奋斗目标，这一点在当前仍然很突出。一些学者认为，根深蒂固的腐败文化助长了腐败的发生。所谓的腐败文化，主要指"特权思想、家长制作风、任人唯亲、官本位、人情关系"等。也有人从传统人际关系的视角对滋生腐败的文化根源进行探讨。如一些研究认为，腐败现象的蔓延与村落家族文化的恢复有关，尤其是基层地区的社会治理体制功能削弱之后，各家庭便更多依靠血缘和亲属关系来寻找机遇和保障，血缘和亲属关系的侵入导致"裙带风"的增强。另一方面，抵御腐败作用。近年来，部分学者提议，反腐败要充分运用中国传统文化的有益资源，充分汲取传统道德文化的精髓。在中国传统文化中，蕴含了丰富的清廉文化。

上述研究很好地归纳了腐败的特征与发展趋势，揭示了腐败发生的成因，极大丰富了腐败问题的研究。

2. 社会学研究

相对其他学科而言，社会学界对于腐败的研究较少。究其原因如下：首先，我国的社会学学科在很长一段时间内被取消，在其恢复之初也没有把腐败问题纳入研究范畴，这一"先天不足"制约了对腐败的社会学研究。其次，国外社会学对于腐败的研究尚未形成比较成熟的研究范式，很难统一研究框架。近年来，随着学科的发展成熟，学科不断细分，一部分社会学研究者开始致力于腐败研究。随着社会对腐败关注度的持续上升，从社会学视角研究腐败的成果越来越多。

综合以往的社会学相关研究，大致可以从三个方面进行概括，即腐败概念的社会学定义、腐败现象的社会成因研究、腐败现象的社会治理。首先，腐败概念有广义与狭义之分。社会学视角将腐败定义为在特定的文化背景和社会环境下，个人或群体违反公认的社会规范，不恰当地利用自身所掌握的稀缺资源，为自己或他人牟取不正当利益，同时损害公共利益的行为。在众多社会资源中，权力无疑是最为根本的。在狭义层面，腐败更多是一种法律上的规定，这是一种事后的惩戒机制。其次，在腐败的社会成因方面，社会学强调从"人情""制度""社会交换""网络"等角度展开，尝试摆脱传统腐败研究就"权力不受制约"的泛泛而论，虽然道德的失范与监督的缺乏无疑是重要原因，但是腐败本身更为复杂。人情视角回归到微观个体，认为行动主体的"以权谋私"是人情回报的过程，人情的规范性在制度框架内被严重低估。制度学派从宏观视角出发，认为制度本身的漏洞为人情的渗透提供了机会，结果导致正式制度失灵，隐性的非正式制度大行其道。比较两者研究视角的不同，人情与制度代表了两种分析维度，在研究上不可避免地走向宏观与微观的分离。社会交换论试图超越这一对立，不再拘泥于结构之争，以社会交换理论为基础，着重分析腐败的交换过程，从而提出内驱机制在于建构腐败关系网络，外驱机制在于维护腐败，最终形成腐败的裂变式扩散。综合以往对于腐败的社会学研究，我们概括为四个方面的视角，分别是人情视角、网络视角、制度视角与治理视角。

（1）人情视角的研究。人情关系在任何社会都会存在，但是在中国社会具有特殊的内涵。中国是一个人情社会，这是由差序格局的社会结构所决定的。传统农业社会的乡土性决定了每个人的交往对象多集中于亲戚、街坊等，形成了"讲人情、拉关系"的文化形态。人情也是由社会的"伦理本位"所衍生，这一概念深刻地道出了中国传统社会运转的真谛。人情来往在日常生活中随处可见，不仅有力地塑造着中国的社会结构形态，形成了数千年来根深蒂固的人情传统，也使微观个体难逃人情规则的束缚。为什么人情在日常生活中如此普遍呢？人情受到哪些因素的影响？通过将人情置于家庭与社会研究的框架之中，考察人情在不同家庭与不同地区的表现与特点，成为本研究关注的主要内容。人情在中国作为一种强烈的社会运行法则亘古绵长。在传统社会，中国人施惠于近亲和挚友，同时也理所当然地期待对方会感恩图报。在现代社会，人情覆盖面不断扩大，人情又兼具了情感性与工具性特点，深入考察人情对于社会行动的链接功能，无疑有助于诠释其背后的关键信息。

人情不仅可以促进熟人间感情的巩固，也是与陌生人建立联系的媒介。长期以来，众多研究已经注意到人情在日常生活中的普遍性现象，并纷纷给出了自己的理论解释。虽然人情也会出现在其他社会中，但是在华人社会中却表现得最为突出,如在英语世界中找不到对应"人情"的单词,其英文翻译就是"Kenqing"或"Kuan-hsi"。长期以来,中国人视人情为社会"潜规则",对此讳莫如深,只可意会不可言传。研究者多将人情归为社会关系与社会资本范畴,随着研究的深入,人情作为一个专门的研究领域进入学者的视野,其所散发出来的"脸面观"、权力与面子等概念不断被提出。从本质上而言,人情是指人与人之相处之道,或人与人之关系。从具体表现而言,人情法则不仅是一种用来规范社会交易的准则,也是个体在稳定及结构性的社会环境中可以用来争取可用性资源的一种社会机制,即人情是指个人和关系网内的其他人应当如何相处的社会规范。这个定义指出了人情的功能,即人情有助于群体的稳定互动,拒绝人情就等于拒绝联盟和共同体,冲突就会产生,甚至会引发战争。人情作为一种互惠理念和社会规范,在超出它所运作的社会关系之外,便没有力量。遵循这一思路,人情研究还沿袭涂尔干的社会事实范式,人情是外在于个人而存在。在中国社会,所谓的人情消费往小说是指与亲戚、朋友、同学、同乡、同事等日常交往中的开销与支出,包括婚丧嫁娶、乔迁节日等;往大说则包括部门、公司对外交往,可谓五花八门,涵盖日常生活的方方面面。人情具有情感性、工具性与混合性三个方面的特征,无论人情的形式有多少种,都无法逃脱"欠"与"报"的逻辑。

雅各布通过研究发现,关系的政治联盟是群体,而不仅仅是两个人之间的互动。[①] 在一些案例中,官员的任免主要看其与顶头上司的关系及印象如何而定,上司不满,或工作不力都可能会砸"饭碗";有时可能因为没有更好的后台,而遭人排挤。在这种工作氛围中,官员就很可能会特别在意钱而想多弄点,以备年节、婚丧喜庆或晋见长官之时大送其礼,而且这种礼一定得有相当的"分量"。柏拉图主张履行职务而收受礼物的人要处以死刑,孟德斯鸠认为在共和国里,礼物是可厌的东西,因为品德不需要它们。在君主国家里,荣誉是比礼物更强有力的鼓舞力量。但是在专制的国家,既没有荣誉又没有品德,人们有所作为,只是因为希望获得生活上的好处而已。

相较于人情的抽象化表达,将人情聚焦于礼物载体是这类研究的经典主题,这无疑将有效降低研究的不确定性。在人情"掩护"下,来往双方建立了一种互惠原则,这些研究对人情的功能与意义进行了很好的阐释。无论是礼物交换,还是流动的礼物,都强调了互惠的重要性。近年来,随着社会结构的剧烈变迁,学者也观察到人情所发生的一些变化,特别是长期关注农村社会的

[①] 参见纪莺莺《文化、制度与结构:中国社会关系研究》,载《社会学研究》2012年第2期,第66页。

华中乡土学派对此着墨较多。这些研究试图捕捉人情的结构性变异，企求取得部分甚至颠覆性的效果。但无论是对于人情正负功能还是人情异化的强调，都是基于人情的功能表现，人情研究依然停留在个体层面，很难说已经实现了向宏观社会结构的转变。

以上大致勾勒出了人情在中国社会中的概念、特征与表现。从人情方面研究腐败的社会成因在社会学领域无疑是数量最多、用力最深的视角，然而，这一丰硕成果无法掩饰人情在腐败研究中的"双轨化"。以往论述人情变量在腐败中的影响时，存在严重的分裂：一方面，视中国社会人情的泛滥是腐败发生的普遍性特征，几乎所有腐败现象都是人情之故；另一方面，对于每一个社会中的个体而言，人情只是个人社会属性的表现，任何人从一出生就深深地嵌入到家庭、学校、职场等社会关系中，谁都无法从这些社会关系中抽离。

（2）网络视角的研究。网络视角与人情视角在某些方面存在重叠现象，从网络视角论述腐败现象，分为两个方面。一是特指腐败窝案现象，从早期的中华苏维埃时期"于都"事件，到近几年广东省发生的韶关窝案、茂名窝案等；二是指社会网络在腐败中的成因，探讨腐败自然就离不开社会资本概念，这一社会学的核心概念经布迪厄、普特南与林南发展而来。当占据一定位置的社会成员，利用手中的资源互相进行交换，资本之间的交换旋即产生，腐败无疑就属于其中的一种，只是因为腐败被贴上"不合法"的标签。但是，网络视角可以解释为何"小团体确乎是社会资源得以交换的最频繁的场所，因为小团体或小集团的封闭性与交往密度令具有相似背景的人可以更轻松并更频繁地交往"[①]。网络强调人们之间关系的远近与利益链合机制，网络就是一种"圈子"，"圈子"由关系连接而成，搞关系的人会用一切手段来拉近自己与圈子中核心人物的距离，从而换取最大利益。同时，"圈子"的存在有助于降低腐败的成本与风险，实现利益最大化，如法不责众。无论是费孝通的"差序格局"，还是梁漱溟的"伦理本位"，都是"圈子"文化形成的社会根源。从网络方面研究权力腐败为深化腐败的社会研究提供了新的视角，特别是引入社会关系与社会网络的概念，有助于探讨腐败的社会成因。格兰诺维特（Mark Granovetter）采用"厦门远华腐败案"作为例子指出腐败日趋隐蔽性、流动性的特征。[②] 格氏的理论核心指出，腐败是嵌入到社会关系中的一种社会建构。

---

① 白锐：《社会网络的结构与文化：腐败问题再研究》，载《中国行政管理》2010年第9期，第81～84页。

② 参见 Granovetter, Mark. The Social Construction of Corruption. In Victor Nee & Richard Swedberg (eds). *On Capitalism*. California: Stanford University Press. 2007, pp. 152–172.

从网络分析的视角，社会学特别关注窝案在腐败中的形成机制；从社会网络出发，仅靠政府与反贪机构不足以根治腐败，需要全民参与。

长期以来，鉴于腐败的隐蔽性特征，人们对于腐败的运作知之甚少，将腐败置于政治运作的规则之中，一切都变得合理起来。冯军旗以中县为个案系统梳理了政治家族、关系网的形成与维持，特别提及送礼在关系经营中所发挥的独特作用。① 中县人的基本行为逻辑之一就是遇事情要托关系，找门路。冯军旗通过访谈西城乡得知，乡一级机关80%以上的干部在日常生活中都要托关系、找人情，都要动用关系资源，并将之视为几千年来的政治传统。考察反腐败的"拔萝卜带泥"现象，一个腐败官员的周围往往衍生了秘书腐败与司机腐败，秘书与司机往往在官员腐败中扮演重要角色。

关系网络为腐败研究提供了独特的视角，学术界对此论述众多。根据网络亲疏远近，本研究将网络分为三个层次。第一个层次是家属圈子，即血缘与姻亲。例如，广东省水利厅原厅长黄柏青指使妻子收取"红包"礼金，让儿子在境外开设账户收取贿金。第二个层次是地缘与业缘圈子，包括朋友圈、同学圈与工作圈。例如，广州市市政园林局原党组书记马必友为其战友杨某某在合作开发东成花苑项目中牟取利益。第三个圈子则是其他类。例如，广东省海洋渔业局原局长李珠江与围在他身边的采砂业老板形成的圈子。不同圈子之间存在相应的中介，包括秘书、司机与情人等。这一群体在腐败中发挥的作用不仅反映了当前权力的结构性释放，同时也是当前权力制度的生动体现。

（3）制度视角的研究。制度与制度运行之间的分离问题一直是社会学关注的重要问题。制度的执行不力提高了社会对腐败的容忍度。制度视角为梳理中国的腐败现象提供了有力的工具。腐败产生的政治根源，在不同发展程度的国家存在差异，在传统政治体制占主导地位的国家，高层腐败与中下层腐败并发；在现代政治体制建立和完善的过程中，高层腐化比率比较低，中下层公职人员，特别是县处级以下公职人员腐败比率比较高，缘于政治体制改革仍然处于探索阶段，新旧体制并存与交替造成制度上的"断层"。

（4）治理视角的研究。中国腐败现象与国家治理存在密切关系，查处的腐败案件（RRM）与实际腐败数量（ARM）并不一致，在国家治理力度不变的情况下，腐败案件与实际腐败数量成正相关；如果查处案件数量上升，则必然是腐败治理力度加大，查处案件与腐败实际数量间的差距在缩小。20世纪90年代以来，学界与理论界关于国家治理的论述逐渐增多，因各自学科与视角的不同，对于国家治理的定义莫衷一是。从国家治理的来源看，中国的国家

---

① 参见冯军旗《中县干部》（学位论文），北京大学2010年，第63页。

治理是在传统中国社会的国家治理思想与西方国家所建立的一套治理话语体系综合发展而来，所以中国的国家治理坚持中国特色社会主义理论的话语语境和话语系统。从国家治理的主体来看，国家治理模式定义为，在一定领土范围之内，政府、市场与公民社会相互耦合所形成的一种整体性的制度结构模式。这些定义大致界定了中国语境下的国家治理概念。在此基础上，腐败治理是国家治理的一种具体表现。

作为一种客观的政治现象，国家治理是国家出现后的一种普遍现象，在众多国家治理对象中，腐败治理是一种特定的国家治理对象。腐败治理不仅存在于传统社会与现代社会，未来还会存在。在传统社会，由于发展水平的落后，国家治理的手段比较单一与滞后；在现代社会，随着社会分化的加剧，治理对象的增加，国家治理的手段日趋多样化与复杂化，治理的特征也在发生变化。总之，国家治理的转型不仅是社会发展的需要，也是社会发展的结果。在以往的研究中，很多学者采用国家治理的研究框架来分析中国的政治现象。在新中国成立60多年的政治生活中，国家用运动型治理机制来贯彻落实自上而下的政策意图十分常见。运动治理与常规（制度）治理框架对于理解中国的国家治理很有帮助。在《现代汉语词典》中，运动是指"政治、文化、生产等方面有组织、有目的而声势较大的群众性活动"，制度则是"要求大家共同遵守的办事规程或行动准则"。从字面意思可大致勾勒出其基本含义。《布莱克维尔政治学百科全书》则强调制度是"政治和其他结构的有效性和它们所施加的制约"，社会运动则指"一批负有特殊目的的人的一系列行为或努力"。根据腐败治理中的制度化程度，可以将腐败治理概括为非制度治理与制度治理，非制度反腐也叫运动治理，两者代表了两种不同的国家治理逻辑，深刻地塑造着中国的政治生活。

三、此项研究设计

此项研究试图通过"权力惯习"和"社会生态"两个角度或路径来探讨权力腐败的社会成因。

1. 研究视角和研究路径

如果说"权力惯习"是导致权力腐败的原因变量，那么"权力腐败"则是特定原因引起的结果变量。所谓权力惯习，就是权力行使者行使权力的个人惯习。由于"权力惯习"是在特定社会化过程中潜移默化地形成的，因此，社会与个人的关系，特别是社会对个人的影响，是此项研究的特殊视角和路径。

社会学传统中，社会唯名论和社会唯实论分庭抗礼。社会唯名论认为，社会是人的社会，个人是真实存在，社会是虚拟名称。德国社会学家马克斯·韦伯将个人行动特别是其行动细节视为社会学的研究对象。与此相反，社会唯实论认为，人是社会的人，社会独立于或外在于个人并对个人具有强制性影响。法国社会学家涂尔干将由习俗、宗教、道德、法律等社会规范构成的"社会事实"视为社会学的研究对象。然而，社会唯名论和社会唯实论并非水火不容，两者的分野只是体现了两种不同的研究视角和路径。故本研究选择社会唯实论的研究视角和路径。

唯实论的研究视角强调权力行使过程中的社会因素，其中最为重要的，可能就是权力行使过程中社会生态的影响，本研究称这种影响权力行使的社会客观条件为社会生态。社会生态兼具积极性与消极性特征，即一方面社会生态可以助长权力腐败，另一方面社会生态也可以遏制权力的滥用。社会生态与权力腐败的关系不仅与权力惯习密切相关，同时也受到社会文化、传统习俗、社会心理与社会发展程度等的影响。

2. 基本概念和研究假设

"惯习"是社会学家布迪厄社会学理论的基本概念之一，并有其特定含义和丰富内容。在中国情景中，中国式的"官本位场域"以及由此逐渐形成的个体的"官本位惯习"与权力腐败有关。虽然惯习体现在个体身上，但它是在特定社会环境中形成的。在布迪厄看来，"惯习不是抽象和理想的概念，它属于实践的一部分……存在于行动者的习性中，这些习性作为认识、思想和行动的模式发挥作用"[①]。由此可见，惯习是个人在特定社会化过程中逐步形成的思维和行为模式，它是连接社会与个人、主观与客观、思想与行为的桥梁和纽带。

选择"权力惯习"作为此项研究的基本概念，主要基于两个方面的考虑。一方面，中国社会是一个具有"官本位"传统的社会。"官本位"体制、机制和观念并没有随封建社会的毁灭而离去，而是在新中国的计划经济时代得到强化。这种传统与权力腐败现象之间究竟是何种关系？厘清上述问题，对于我们今天的反腐和防腐具有重要意义。另一方面，在"官本位"社会长大的个体难免受其影响并沾染上"官本位"的惯习。

那么，中国式的权力场域会导致哪些权力惯习呢？这些个人权力惯习与个人权力腐败有何关联呢？经过探索性研究，本研究将作为原因变量的"权力惯习"具体化为权力来源错位惯习、权力性质缺位惯习和权力交换漠视惯习，将作为结果变量的"权力腐败"具体化为权力寻租数量即受贿程度，并将受

[①] （法）布迪厄：《实践理性：关于行为理论》，谭立德译，生活·读书·新知三联书店 2007 年版，第 18 页。

贿程度转化为获刑程度，其量化指标为轻度（获刑 9 年或以下）、中度（获刑 10～19 年）、重度（获刑 20 年及以上）。

对应于三种权力惯习可建构权力惯习与权力腐败的三个理论假设：①权力来源错位惯习与权力腐败；②权力性质缺位惯习与权力腐败；③权力交换漠视惯习与权力腐败。在这三个假设中，前两个假设探究一种机制，即探究权力腐败的发生机制；后一个假设探究两种机制，即探究权力腐败的实现机制和约制机制。需要指出的是，这里的理论假设主要是用于讨论导引和分析框架，而不是像定量分析那样用于严格的证实或证伪。而且，上述三个理论假设中的前者只是导致后者的一种前提条件或前置原因。在现实生活中，腐败的发生往往是多种因素综合作用的结果，有了这种前提条件或前置原因，加上个人的内在需求和外在诱惑的作用，权力腐败才会由可能变为现实。

社会生态可能也与权力腐败有关。社会生态是一个内涵比较宽泛的概念，社会生态指人类在其环境的选择力、分配力和调节力的影响作用下所形成的在空间和时间上的联系。不同的社会生态在权力行使过程中发挥不同的作用，根据社会生态在权力行使中发挥的作用可以划分为微观社会生态与宏观社会生态。对应两种社会生态可以建构社会生态与权力腐败的两个理论假设：①微观社会生态与权力腐败；②宏观社会生态与权力腐败。这两个假设都是围绕社会生态在权力腐败中所发挥的作用的。这种作用有可能是正面的，也有可能是负面的。

3. 研究方法和研究案例

以往的腐败研究在方法上可分为定量研究与定性研究，前者强调数据的收集与统计分析，后者则往往从个案入手进行深度解读，两者缺一不可。本课题研究获得的信息部分源自权力腐败个案的档案，部分源自与这些个案的反思性谈话。研究个案资料选自广东的两个监狱（男、女监狱各一个），信息获取集中于 2014 年 6 月 9 日、10 日、23 日 3 天。依据服刑者原行政级别，分别从两个监狱职务罪犯名册上随机抽取 36 个个案，并分别对其进行半个小时至一个小时的单独访谈。其中，"社会生态与权力腐败研究"的实证资料分别来自对 36 个个案的访谈和 CGSS2008 数据资料。CGSS2008，由中国人民大学社会学系所发起，研究访问的对象是根据随机抽样的方法，在全国 28 个省市抽取家庭户，然后在每个被选中的居民户中按一定规则随机选取 1 人作为被访者。①

---

① CGSS，全称为 China General Social Survey，中国综合社会调查，是中国第一个全国性、综合性、连续性的大型社会调查项目。从 2003 年开始，对全国 125 个县（区）、500 个街道（乡镇）、1 000 个居（村）委会、10 000 户家庭中的个人进行调查，通过定期、系统性地收集中国人与社会的各方面数据，总结社会变迁的长期趋势，探讨具有重大理论和现实意义的社会议题。2010 年起开展项目的第二期，计划至 2019 年，每两年调查一次，共 5 次。

第十三章 权力腐败的社会成因探讨

本章试图从"权力惯习"和"社会生态"两个角度或路径来探讨权力腐败的社会成因。

一、权力惯习与权力腐败

权力腐败的产生,既有个人原因,也有社会原因。在探讨权力腐败的社会原因时,人们自然会想到"管理体制"和"利益机制",即权力不受制约的管理体制滋生了腐败,经济发展带来的利益诱惑催生了腐败。那么,管理体制是如何滋生腐败,利益机制又是如何催生腐败的呢?本研究从社会与个人相互关系的角度对这一问题进行探讨。

1. 权力来源错位惯习与权力腐败

所谓权力来源错位,指在权力来源的惯习认识上出现应然与实然的反差:从应然角度讲,权力来自人民;而从实然角度讲,权力并非来自人民。

为此,在访谈中设计了这样一个问题:"在你的职务获得或晋升过程中,领导重视与群众认同哪个更重要?"结果有32位被访者回答"领导重视"更重要。其中22人直接回答"领导重视"更重要,10人婉转回答"领导重视"更重要。下面列举一些代表性言论。

直接回答"领导重视"更重要的代表性言论:"既然你是真的探讨问题,我们实话实说,当然是领导重视更重要。""对于个人晋升而言,肯定是领导重视更重要,群众认同的作用微乎其微。""领导重视比群众认同更重要,这是机制问题,没有倾听群众意见的机会。""领导重视最重要,群众认同是没用的。被领导重视说不定很快到领导身边,只被群众认同就只能是'群众'。""领导重视更重要,个人升迁中领导起决定作用。"

婉转回答"领导重视"更重要的代表性言论:"两者都重要,群众看法是基础,领导意见是最终决定因素。""原来我在外面(进监狱前)认为领导重视更重要,现在(进监狱后)觉得群众认同更重要。"

此外，有2人回答"群众认同"更重要，有1人回答"机遇"最重要，有1人回答"个人素质"最重要。

鉴于上述情况，可以得出三点结论。其一，在权力来源问题上确实存在应然与实然错位或相悖的现象，确实存在"说的"和"做的"不一样的现象。其二，这种现象已经成为部分党政官员的个人惯习。这不仅是因为受访的36个个案中有32人认为其职位或权力来自领导，而且因为有的人非常认同"现在的官员都是说的是一套而做的是另一套"的说法。这里的"说的是一套而做的是另一套"在一定程度上证实和诠释了前文所说的权力来源错位的惯习。其三，权力来源错位的个人惯习特别是其"只对上负责"的行为模式使个人的权力腐败成为可能。有1人讲："我是在不知不觉中犯罪，有时是上面这样做我也这样做，有时是按领导的意图去做，结果是我犯了罪。"这一说法足以表明，"只对上负责"已经成为一些官员的行为模式。而这种行为模式往往会导致两种极端现象的出现：一种是，只要是领导说的或做的，即便是越轨，也会被下属执行或效仿；另一种是，只要是领导不反对或不知道的，下属就敢做或能做。

权力来源错位惯习，是一个在政治上非常沉重而在学术上非常厚重的问题。如果权力不是来自人民，那么就很难保证权力为人民服务、接受人民的监督，进而难以保证杜绝权力腐败。从这个意义上讲，解决权力来源错位问题，保证权力来自人民，就是从源头上防止对权力的滥用和腐败。下面从历史和现实两个角度探讨权力来源错位惯习的成因。

首先，从社会发展的历史过程看，权力来源错位惯习的形成来自中国传统治理文化的深厚积淀，是一种文化积淀效应。在中国传统国家治理文化中，多见"权用于民"的思想，却很难看到"权源于民"的思想。如果借用著名社会学家、历史学家刘绪贻的说法，就是有许多"民本"思想，而难以看到"民主"思想。在刘绪贻看来，"民本"是官为民做主，是从统治者立场出发，是为统治者服务；而"民主"是人民自己做主，是从人民利益出发，是为人民服务。民本思想源于周公（周朝）并兴于孟子（战国），民主思想则伴随五四运动传入中国。也就是说，民本思想古已有之，民主思想则是近代传入。不仅如此，民本思想因其在中国源远流长而深刻影响国家治理体制与机制的构建。与此相反，民主思想在中国根底浮浅且历经曲折，新中国成立后虽然开启了民主由理想变为现实的征程，建立了人民代表大会制度，但民主体制还有待健全和完善。在这种情况下，权力行使者出现权力来源错位惯习不难理解。

其次，从社会发展的现实状况看，权力来源错位惯习的形成起因于中国社会转型，是一种社会转型效应。正处于社会转型的中国，无论是工业、城市等器物层面的现代因素，还是民主、法治等制度层面的现代因素，都处于有其名而不完全有其实的状态。这种名实不符的社会状态是社会现代化的必经状态或必经阶段，而权力来源错位惯习正是这种名实不符社会状态的反映。从这个意义上讲，社会现代化过程，就是现代因素由名到实的进化过程，而改变权力来源错位惯习，进而推动"权力来自人民"由名到实的发展，并最终实现名实相符，也是国家治理现代化的重要内容。

2. 权力性质缺位惯习与权力腐败

所谓权力性质缺位，就是指对权力的公共性质及公共使用没有清楚的认识。在权力公共性质的认识上似乎也存在应然与实然的反差：即在理论或应然层面都会认定公权不能私用；而在实践或操作层面对公权私用可能出现认识模糊，甚至没有认识。

为此，本研究设计了相互联系的两个问题：①任职期间在你的个人观念中是否有权力公用和私用的区别？②如果在你个人观念中有权力公用与私用的区别，举例分析其区别。第二个问题是对第一个问题的检验，也是测量权力公用与私用的区别是否成为个人惯习。36位被访者均对上述两个问题做了回答，其具体回答情况如下：

有14人回答"在其个人观念中没有权力公用与私用的区别"，其中9人回答"完全没有想过这个问题"，5人回答"基本上没有考虑这个问题"，这5人也当然不用回答第二个问题。其代表性言论有："这个问题只是在干部培训学习时想过，实际工作中没有想过。""其实没有考虑这个问题。""坦白地说，在我工作中没有考虑这个问题。"

有13人回答"在其个人观念中曾有这种区别，但在实际工作中又似乎没有这种区别"，他们因此也不能接着回答第二个问题，即不能马上想到实际案例。这类回答的代表性言论有："应该说想过这个问题，但在工作实践中又往往忽视了这个问题。""在事前的道理上是清楚的，但在实际工作中因受多种因素影响就没有公用和私用的区别了。"

有9人回答"既在其个人观念中又在实际工作中有权力公用和私用的区别"，但他们回答第二个问题时所列举的案例几乎相同。例如，有5人均以"公车私用"现象作为案例。如果考虑到近几年媒体对"公车私用"现象的讨论较多，我们就会发现"公车私用"无法证明公私权力的真实区分。他们对公权私用的认识实际上仅限于"公车私用"，而没有一个全面的认识。

在上述三类回答中，第一类回答对权力性质的认识显然是缺位的；第二类回答对权力性质的认识在观念层面清楚而在事实层面模糊；第三类回答对权力性质的认识看似在观念和事实层面都清楚，但其实是在事实层面模糊。由此，我们可以得出两点结论。其一，在对权力的公共性质及公共使用的认识方面，一些党政官员既存在观念上的模糊甚至缺位，又存在事实上的无意甚至有意不分。也就是说，权力性质模糊确已成为一些党政官员的个人惯习。其二，权力性质缺位惯习为公权私用提供了可能，而不受约束的公车私用在一定程度上佐证了这种可能。如有个案认为："周末公车应该在单位，但实际上往往是开回家。如下班后接小孩、赴宴、购物等，周末家人出外美食、踏青、旅游等，其实大部分人都是这样。"

作为一种社会现象，权力性质缺位惯习的形成自然有其社会原因，主要表现在历史和现实两个角度。从历史角度看，家国一体或家国同构的中国式治理传统是原因之一。在中国传统政治文化或治理文化中，国家治理和家庭治理在很多方面往往合二为一。由于家庭是社会的根基，根深则叶茂，基强才本固，因此，家国同构的治理模式有利于社会团结、整合和稳定。但是，家国同构的治理模式会随着社会发展而逐渐显现出不适和弊端。譬如，以生产力水平低下和自然经济为基础，社会分工简单，组织规模较小的传统组织管理适合以传统权威为基础的家长制管理；而以生产力高度发达和市场经济为基础，社会分工复杂，组织规模庞大的现代组织管理则适合以法理权威为基础的科层制管理。也就是说，从家长制到科层制、从人治到法治的转变是治理现代化的必然，而家庭治理模式与国家治理模式的分离正是这一必然要求的反映。

中国的历史反复证明，如果一个君主视国如家，那么其结局无非是三种可能：可能视国如家地"奉献"甚至死而后已，这种现象史称"政治清明"；也可能视国如家地"索取"甚至贪得无厌，这种现象史称"政治腐败"；还可能因"奉献"而"索取"、先"奉献"后"索取"，这种现象史称"盛衰轮回"。这三种结局表明，家国同构虽然可能导致"政治清明"的积极后果，但这种后果有很大的偶然性而非必然，而且寄托于个人而非寄托于制度的管理模式，只能令社会短暂繁荣而非长久。从现实角度看，转型时期的"规范重叠"是权力性质缺位惯习形成的现实原因。所谓"规范重叠"，是指制度化规则（显规则）和非制度化规则（潜规则）并存且同时起作用。社会学研究认为，社会规范化或制度化程度的高低与社会现代化程度的高低成正比。在传统社会，人们遵守的社会规则是由少数强势社会成员或社会群体单方制定且随意改变的非制度化规则，此种社会被称为人治社会。在现代社会，人们遵守的社会规则是由多数或全体社会成员参与制定且不可随意改变的制度化规则，此种社会称为法治社会。而正在经历从传统走向现代的转型社会，一般是制度化规则和非制度化规则相互重叠。因此，社会现代化的过程，在一定意义上就表现为制度化规则逐渐成为主要规则的过程。

当下中国社会是一种典型的转型社会，规范重叠现象不仅存在，而且凸显。如在党政官员的权力行使方面，"公权不能私用"的制度化规则与"公权可以私用"的非制度化规则同时存在且共起作用。规范重叠，首先会带来个人认知上的模糊或混乱，其次会带来个人行为上的无所适从。若权力行使者顺从非制度化规则但未受到惩罚反而得到好处，那么制度化规则就会成为只是写在纸上或是公布在网上的规则；反之，非制度化规则会成为融化在个人观念中且落实在行动上的规则。由此可见，促进制度化规则由名到实的发展，促使制度化规则成为主要甚至唯一规则，既是防止权力腐败的需要，也是治理现代化的需要。

3. 权力交换漠视惯习与权力腐败

众所周知，经济交换是经济生活的前提和常态，社会交换是社会生活的前提和常态。与此相反，权力交换因其本质上是权力行使者通过公权获取私利，因而它不仅不是政治生活的前提和常态，而且是政治生活的毒瘤和变态。权力交换，既是权力行使者在其个人观念上绝对不可怀有的"欲望"，也是权力行使者在其个人行为上绝对不能触碰的"禁果"。然而，实际中的一些党政官员在不经意或不在意之中随意甚至任意品尝这个"禁果"，"财富和声望则常常成为权力拥有者的囊中之物"[①]。此种行为习惯可以概括为权力交换漠视惯习。由此可见，权力交换漠视惯习，是明知不可为而为之的行为惯习。基于上述思考，加之权名交换和权色交换是权钱交换的伴生或派生现象，我们将原来作为研究对象的"权力交换"聚焦为"权钱交换"。

当开始接触 36 个权力腐败个案的档案信息时，研究者迅即就感觉到"权钱交换"已经成为权力腐败的主要甚至唯一形式。这是因为在 36 个腐败个案中，仅仅受贿的有 28 人，受贿又贪污的有 4 人，受贿又行贿的有 3 人，受贿又内幕交易的有 1 人。尽管如此，本研究还是设计了两个具体的问题进行个案访谈。第一个问题是"在你任职期间，你是否在就业和升职方面为别人提供过帮助并获得过回报"。这一问题是对档案资料的补充，因为在 36 个腐败个案的档案中，大多是因为"帮助项目审批立项"而受贿。第二个问题是"在你任职期间，你帮别人办事，别人的回报方式一般有哪些"。这一问题意在测试权钱交换的具体方式。

首先梳理对第一个问题的回答。这一问题是研究者在监狱访谈中途加插的一个问题，只有部分受访者回答了这一问题。结果是 100% 的被访谈人回答"在就业和升职方面为别人提供过帮助并因此获得过回报"，有的甚至明目张

---

① 刘祖云：《中国社会发展三论：转型·分化·和谐》，社会科学文献出版社 2007 年版，第 45 页。

胆地明码实价卖官，不仅"通吃"所有下属为获取官位的贿赂款项，而且按下属的贿赂额度决定其能否获得官位。结合档案资料显示的信息，帮助项目审批立项和帮助就业或升职是权钱交换的主要原因或主要形式，"钱"的管理和"人"的管理显然是权力腐败的重点领域或多发地带。

其次梳理对第二个问题的回答。36名受访者均回答了第二个问题。在他们任职期间，受助人的回报方式主要是请吃饭（19人回答）、请旅游（3人回答）、送礼品（22人回答）、送红包（27人回答）、送购物卡（3人回答）、送住房装修（1人回答）。这些回答与档案资料显示的受贿或犯罪程度相比，显然是避重就轻的。即便如此，这也足以说明权钱交换的花样翻新。与此同时，这些不同的"回报方式"也是对公权私用的形象图解和生动诠释。

综合36个权力腐败个案的档案信息和访谈资料，可以得出如下结论或推断：其一，权钱交换漠视已经成为一些党政官员的个人惯习，权钱交换不仅在他们的观念中是理所当然的，在他们的行为上也是习以为常的；其二，权钱交换已然成为权力腐败的主要方式，不仅在广度上无孔不入，而且在深度上触及肌理；其三，权钱交换不仅败坏官场，而且伤及社会，官风不正必然导致民风不正。

权力交换漠视惯习的形成，乃至权钱交换的肆无忌惮，权力是其主要原因或主导方面。一方面，权力被社会"娇生惯养"，无所不在、无所不能、无所顾忌；另一方面，权力因"市场转型"而更显"英雄本色"。封建社会形成并延续几千年的官本位体制和机制放纵了权力。在封建社会，因生产力水平低下并以自然经济为基础，人们的相互联系是一种"鸡犬之声相闻，老死不相往来"的缺乏横向交往的"机械联系"，国家治理主要依靠高低有序的纵向联系来进行。在纵向联系中，官员掌握资源分配权力，位居社会上层；而民众不掌握资源分配权力，位居社会下层。掌握资源分配权力的官员又依其权力大小有地位高低之分，进而形成一个掌握整个社会资源分配的官阶体系。这个官阶体系，从动态角度看，其管理体制就是官本位体制；从静态角度看，其运行机制就是官本位机制。这个官阶体系会带来三个结果：第一，"权力无所不在"，因为整个社会资源都储存在官阶体系之中。第二，"权力无所不能"，掌握资源分配，在一定意义上就是掌握人们的贫富、贵贱乃至生死。第三，"权力无所顾忌"，由于掌握资源分配相当于掌握人们的生死大权，这种权力当然是天马行空而不受制约。虽然封建制度已毁灭，但"官本位"体制和机制在新中国的计划经济时期得到强化。在计划经济时期，不仅权力继续受宠、继续控制资源分配，而且整个社会资源的分配完全依据是否为官及官阶级别高低，如社会成员依据"是否为干部编制"及"行政级别"享受不同的社会资源。

改革开放以来，虽然我国在大力推进经济体制改革的同时也进行了一定程度的政治体制改革，但官本位体制和机制尚未得到根本改变，权力反而因"市场转型"而更显"英雄本色"。基于对中国厦门农村的调查研究，美籍华裔社会学者倪志伟在美国的《社会学评论》发表了他的"市场转型"理论。该理论认为，伴随再分配经济（计划经济）向市场经济转型，将出现三种新机制：在控制资源分配的权力方面，出现"市场权力"；在刺激生产积极性方面，出现"市场刺激"；在向上流动机会方面，出现"市场机会"。这就是所谓的市场权力命题、市场刺激命题和市场机会命题。基于这三个命题，倪志伟提出"权力资本贬值假设"，却无法否认市场转型时期权力资本升值的事实。市场化以来，权力资源对于个人社会阶层地位的获得和经济收入的提升均有显著影响。如果说从计划经济体制向市场经济体制转变经历了体制双轨和体制捆绑两个阶段，那么权力的"英雄本色"在前一阶段的主要表现就是，腐败官员既从体制内获取资源，又从体制外掠取资源；而在后一阶段的主要表现就是，腐败官员通过权力对市场的掌控获取巨额的市场回报。也就是说，在转型过程中，权力资本不仅在持续升值，而且其升值似乎有从量变到质变的飞跃。

本章所研究的36个权力腐败个案，以及近年来媒体报道的权力腐败个案表明，权力资本急剧升值往往是通过官商勾结和权钱交换来实现的。一方面，因其权力是掌控市场的权力，腐败官员凭借手中权力掌控市场而获取巨额市场回报；另一方面，因其市场是权力掌控下的市场，不法商人通过购买权力为其抢夺资源、保持优势甚至欺行霸市保驾护航，进而获取巨额市场利益。结果是：作为个人，腐败官员和不法商人双双成为富豪；作为社会，贫富分化和贫富差距加剧。不仅如此，腐败官员和不法商人还通过"抱团取暖"并"狼狈为奸"使"游戏"得以继续，进一步固化少数人富裕而多数人贫穷的利益格局。

二、社会生态与权力腐败

权力惯习在权力腐败中发挥了关键作用，但如果忽略了权力腐败的社会生态，则不能全面地研究权力腐败现象。在传统的研究中，往往将官员作为腐败研究的重心，"只见官员不见大众"，将腐败动机从社会中抽离出来，而不考虑腐败的社会生态，这对于腐败研究而言有"削足适履"之嫌。尽管腐败的根源从理论上说是权力的不受制约，但在现实中，是权力行使主客双方的互动共同完成了腐败行为。为此，本研究尝试引入权力腐败的社会生态条件作为权力惯习的另一要件。社会生态可以分为宏观和微观两个层面来进行观察。宏观社会生态指的是社会共识和制度设置;微观的社会生态指的是与官员个人关系密切相关的初级群体与次级群体。

1. 宏观社会生态对腐败行为的影响

(1) 社会共识对于权力腐败产生的正反面作用。廉洁程度比较高的国家与地区往往在社会生态方面具有很强的相似性,就是民众反腐的社会共识非常鲜明,对权力腐败行为产生了有效的制约作用。新加坡推崇儒家文化与道德准则,每年开展20多场社会道德教育活动,倡导诚信、廉洁,使崇廉思想从国家意识潜移默化为国民的自觉行动,构建良好的社会生态。在香港,预防腐败部门的宣传力度非常大,廉洁的观念深入人心。例如,某人坐出租车,与司机聊起刚刚向别人行贿的经历,结果这位司机调转车头,直接把他拉到了廉政公署。

与之相反,宽容腐败行为的社会共识往往能催化腐败。例如,在CGSS2008调查问卷中有一个问题是:"要办成事,你就不得不腐败。"测量结果见表13-1。

表13-1 权力腐败的可能性

对"要办成事不得不腐败"的态度	人数	累积百分比(%)
非常同意	151	5.02
同意	805	31.76
不同意也不反对	605	20.10
不同意	1 109	36.84
非常不同意	268	8.90
无法选择	72	2.39
总计	3 010	100

数据来源:《中国综合社会调查》(CGSS 2008B. f2a)。

表13-1显示,近37%的受访者认为腐败是"要办成事"的必然方式。这一方面说明了当前腐败现象之严重;另一方面则说明人们在观念上已经默认腐败潜规则,认为腐败与成功具有很高的正相关性。又如,访谈中某职务犯罪人所言:"因为中国社会是人情社会,这块不是单单办事,而是一个过程,比如说很多企业的老总倒下去了,很多员工倒霉。干部也是这样,这一块的氛围很乱。""人情社会"与"氛围"就是指影响权力腐败的社会生态。"我是觉得,要想一尘不染,非常困难。我刚才说的,不光是为官的问题,就是为医

生、为老师，为各行各业的，只要你手中哪怕有那么一丁点利益的东西在里头，都有可能造成权钱之间的交易。因为以前在我们没有权的时候，给家里的老人看病做手术，那个时候不是一样要给红包？孩子上学要给班主任红包，有的时候不是一个大红包，过年过节都得表达一下意思，像这些东西我刚才就说，和为官的红包之间的界限是非常模糊的。而为官在过年过节拿的这些红包和行贿受贿当中的这个界限又是非常模糊的。"上述言论，道出了社会生态与权力腐败之间的复杂关系。老师、医生队伍中有人会利用提供公共服务的机会牟取私利，部分官员作为公共权力的行使者卷入腐败的泥淖也就不难想象了。

（2）社会制度的设置对权力腐败行为产生客观影响。制度设置对于权力的行使具有外在的约束力。以领导干部报告个人有关事项为例。在访谈职务犯罪人的36个个案中，只有8人表示"填写这类表格对监督有作用"；有18人明确表示"没有作用"，其中主要的反对意见认为，"这是一种形式主义，不能真正发挥作用"。另外还有2人表示"这类表格本身能否起作用视情况而定""认真填，认真处理才有作用。对个人有约束、有监督作用，关键是看怎么用这个表格。但是如果是填过就算是没什么用""看有无人监督，有人监督作用就大，没人监督作用就小"。这类制度设计从根本上而言，对于预防腐败具有重要的作用，但是在执行的过程中，却未能发挥应有的效果。有两个个案道出了当前制度反腐方面存在的弊端，单一的抑制腐败措施难以奏效，反腐需要周密且长期的策略方案。"上面如果一个一个核的话，认真起来应该是有作用的。但是呢，我们交上去，从来没有反馈过。""如果社会诚信机制比较健全，监督是比较有作用的。"政策界限不清引发腐败的情况也存在。某犯罪人称："1993年跟社会合伙开公司，分红，2000年被抓；当时鼓励政府部门下海经商，第三产业，界限不明确，没有任何人提醒。出事后，家里人、同事很惊讶。"

2. 微观社会生态对腐败行为的影响

在访谈中，我们把微观社会生态的测量操作划为三个层次，分别是：①在你从事违纪违法活动时，知情亲朋好友是否提出过质疑或反对？②在你从事违纪违法活动时，知情官员是否提出过质疑或反对？③在你从事违纪违法活动时，知情民众是否提出过质疑或反对？

微观社会生态的第一个层次是亲朋好友。亲朋好友是个人工作生活最为亲密的关系圈子。亲朋好友对于权力的行使具有重要的影响：可以在权力的行使过程中提醒与反对，降低权力腐败的发生；或不提醒反对甚至还参与其中。从访谈的结果来看，在36名访谈对象中，共有13人的亲朋好友提出过提醒或反对意见，这一比例仅为36%，其中提醒的人主要是家人，包括配偶、兄弟姐妹等。"弟弟、老婆提醒过自己,不缺钱,做官不要贪钱。""我哥说过,什么事情可以犯,不要触及底线,我老婆也说过。""家里人多少知道一点,提出过反对。像我妹她还是说过,不要去拿这些东西,这些商人靠不住。""平时有人提醒过,家人提醒过,这个不是生死需要。""夫妻之间有提醒,小心一点,现在都是什么形势,普通情况下,谁出事了,会提醒。""太太有提醒。""老公说你是做领导的,你不能违反规定;注意你的好形象,社会上的好形象。"相对于亲人的提醒与反对,朋友之间的提醒与反对较少,仅有几人表示朋友有过这方面的提醒,这说明家庭仍然是微观社会生态中最为重要的社会单位。家人之间相互依存,家人并不希望腐败的发生,因为腐败一旦发生,整个家庭都会陷入危机。那些没有受到提醒与反对的人涉案的可能性较高。一旦亲朋好友成为腐败的参与者,其后果可想而知。由于家人是否参与腐败的问题具有一定的敏感性,访谈结果发现仅有1例,实际的情况应该更多。

微观社会生态的第二个层次是领导同事。领导同事在权力行使的过程中发挥了重要的作用。然而调查发现,一旦出现"上级监督太远""同级监督太软",腐败就很容易发生。在36名访谈对象中,有13人表示同事知情或者善意提醒过,这一比例仅为36%。领导同事对腐败产生的正向激励分为两种情况:一是领导同事知情并默许,很明显这种微观社会生态对于制止腐败是非常不利的。"基本上,百分之百都是知道的,心知肚明,春节给个'红包'成为习惯了。事情肯定知道,领导干部逢年过节都知道,只是钱多钱少不知道。""领导知情,领导说算了。""现在的官员做事会有所顾忌吧,也不会大张旗鼓去做吧,一般来讲是这样,以前可能一开始大家比较随便啦,无所谓啦。""领导知道,我做这个事,按照单位的规定去做的。""平时上级与同事有提醒。"二是领导同事参与腐败,这种情况时有发生。在访谈中我们设计了一道题目:"哪些人会多次找你帮忙?"其中很多涉及同事与下属请求"提携"或"领导打招呼"等。在36个访谈个案中,有13人提到领导同事会要求帮忙,主要的回答如下:"同事一般工作上的肯定是没问题啦,总有一天你帮我我也帮你,一样的道理。""基本上都属于政府圈子里的熟人,因为基本上都在这个圈子里头。""机关里面的人,内部的,包括同僚。""领导啊,平常关系比较好的同级。"

微观社会生态的第三个层次是民众。在36名访谈对象中,仅有4人表示有知情群众提出过质疑与反对意见,且都是非常常规化的知情,如"风俗如此"等等,并非真正知道腐败详情,可以概括为"社会监督太难"。"群众也知道,老百姓也知道,地方风气就是这样。"由于权力腐败的隐蔽性与暗箱操作,民众很难进行监督:"说实话吧,我从别人那里拿钱,然后又用到别处,不可能让第三者知道。因为官场上政治风险太大。""社会监督太难"与社会对腐败的高容忍度密切相关。

腐败的官员大多是那些在生活上没有得到亲朋好友的提醒、在工作上没有得到领导同事的提醒、在社会上受不到群体监督的那一批人,正是在这样的一种社会生态中,一步步地坠入了腐败的深渊。微观社会生态对于腐败的影响可以概括为三句话:"亲人没有监督""同事不愿监督""社会不能监督"。这种微观社会生态无疑为腐败提供了绝佳的社会条件,如果说权力惯习推开了权力腐败的大门,那么微观社会生态就是加速权力腐败的推进器。

3. 结论探讨

社会生态对于腐败的作用不可低估,所谓"官风不正,民风不淳"就是这个道理;不良的社会生态又是滋生腐败的温床,如"请客吃饭""送礼"等。总体而言,当前中国的社会生态对于腐败容忍度比较高,甚至起到了推波助澜的作用,反腐需要制度的顶层设计,也离不开社会生态的建设。从历史发展的角度来看,社会生态与权力腐败之间的关系演变一般要经历两个阶段,分别是腐败高发期和腐败低发期。腐败高发期多出现在社会发展转型时期,此时的社会生态对于权力腐败的影响以负面作用为主。以中国香港为例,在20世纪70年代以前,香港的腐败非常严重,特别是在执法团队和服务业最为突出。随着人们受教育程度的提高,政治与社会参与水平的提高,社会制度不断完善,社会生态对于权力腐败的正面效应不断增强,如今香港已经是亚洲最廉洁的地区之一,进入了腐败的低发期。

第十四章　广东反腐败的社会学建议

权力腐败源于权力惯习的存在，而权力惯习的存在又在一定程度上由历史文化与现实条件所致，因此，治理腐败可以根据权力惯习的三种存在形式，采取相应的措施。

一、坚持"权为民所有"

"国家是人民的国家""政府是人民的政府""干部是人民的公仆""一切权力属于人民"，这些都是中国社会耳熟能详的政治话语。然而，这些政治话语对于一些党政官员来说，似乎更多地停留在政治宣传或政治表态层面，而没有成为他们的内心信仰和行动指南。因此，抽象的政治话语需要具体化为现实的行动指南，要让每一个官员知道他们手中的权力为什么是人民的，而他们只是权力的使用者。这些道理及其相关理论应该成为我们各级党政干部培训的必修课。

在明确树立"权为民所有"思想的同时，还须切实推进"权为民所有"体制机制的改革与完善。"权为民所有"的思想是通过民主选举、民主参与和民主监督等机制来实现的，而这些民主机制的实现在当下中国社会又主要是通过人民代表大会制度来实现的。人民代表大会制度的健全与完善，"人民代表"是关键。从目前的情况看，人民代表的来源问题和人民代表的角色履行问题有待研究和讨论。在人民代表来源方面，如果党政官员是人民代表的兼职现象严重，这不仅影响人民代表的广泛性，还可能导致一些党政官员在权力来源上产生错觉，从而认为他们既是权力的使用者又是权力的所有者，进而认为权力可以不受制约。在人民代表角色履行方面，人民代表的角色意识有待加强，要充分认识人民代表是一种责任而不是一种荣誉。总之，要通过健全与完善人民代表大会制度，"切实防止出现人民形式上有权、实际上无权的现象"。

二、坚持"权为民所用"

"权为民所用"的思想古已有之,不仅表述各异,而且性质不同。总的来说,有两种"权为民所用"的思想:一种思想是权力来自官僚制上层,权为民用只是手段,其目的是维护统治阶级的统治和利益。此种权为民用是一种"给予",因而往往是暂时的或易变的。另一种思想是,权力来自人民、权力属于人民,权为民用不是手段而是目的。此种权为民用是一种"回报",因而是持久和不变的。如果是前者,那就说明当权者站在了人民的对立面;如果是后者,那就说明当权者与人民站在了一起。只有树立"权为民所用"的思想观念,才可能真心实意、全心全意、持之以恒地为人民服务。

"权为民所用"的现代表述就是公权只能公用,反过来说就是公权不能私用。习近平总书记指出:"公款姓公,一分一厘都不能乱花;公权为民,一丝一毫都不能私用。"面对公权私用的严峻现实,除了继续严厉惩治公权私用的腐败外,更为重要的是通过相关体制机制的改革和完善来消除滋生公权私用腐败的土壤。具体来说,就是通过财务管理制度的改革完善来防止公款私用,通过公车和公物管理制度的改革完善来防止公车和公物私用,通过人事管理制度的改革完善来防止"关说"等人事领域的公权私用。

防止公权私用之所以需要具体管理制度的改革,是因为这些制度普遍存在或多或少的问题。"制度功能软化"和"制度功能异化"就是其突出问题。所谓制度功能软化,是指制度因故没有完全发挥其应有功能;所谓制度功能异化,是指制度执行效果与制度设计初衷相异甚至相反。由此可见,改革与反腐密不可分,相关体制机制的改革与完善,是防止公权私用现象滋生和蔓延的重要前提。

三、构建权力制约的"天罗"和"地网"

不受制约的权力可能是万恶之源。因此,构建权力制约机制,对于防止权力腐败的滋生和蔓延具有重要意义。从当前我国政治治理结构的现状出发,权力制约机制的构建可分为两大方面。

一方面是现有权力结构体系之内的权力制约机制的构建。这种制约表现为权力对权力的监督和制约,简称为"权力性制约",其努力方向应该是如何使制约权力的权力即监督性权力更有权威。尽管党的十八大以来,监督性权力得到明显加强,但腐败现象仍不断滋生蔓延的现实要求监督性权力需要继续得到强化。要达到这一目的，监督性权力的"相对独立"和"功能整合"是现实选择。所谓相对独立，就是监督性权力从既定的权力结构中分离出来并处于相对独立地位。所谓功能整合，就是由纪委牵头整合分别来自党务系统、人大系统、政府系统、政协系统及民主党派方面等不同系统或方面的监督性权力，进而形成在结构上互补而在功能上超越单个系统，既可集中应对又可分别应对腐败的一体化权力监督体系。

另一方面，是现有权力结构体系之外的权力制约机制的构建。这种制约表现为社会对权力的监督和制约，可以简称为"社会性制约"。如果说前一种制约如"天罗"，那么这一种制约似"地网"。社会性制约机制的构建，其目标是拓宽人民监督权力的渠道，让权力在阳光下运行。社会层面的制度性约束机制的构建，可以通过建立信息公开制度、社会举报制度和社会奖惩制度来实现：一是公开机制的构建。指官员个人信息的公开。信息公之于众就是接受社会监督，公开的范围与其权力涉及的范围成正比，官员个人信息公开的程度与其职位的高低、权力的大小及重要程度成正比，收入、财产等与权力行使越是关系密切的信息就越应该公开。二是举报机制的构建。建立一种专门针对权力腐败或不正之风的社会举报机制，同时在如何保证举报信息的真实可靠、举报人的人身安全等方面开展研究。三是奖惩机制的构建。弘扬廉洁奉公的先进典型，在全社会形成拒腐崇廉的浓厚氛围。

努力构建权力制约机制，实际上也开始了腐败治理的制度化进程。权力腐败的庞大存量和不竭增量，既要求强力治标，又要求着手治本。强力治标已经大大提振了中国社会的正气，如果在强力治标的基础上着手强力治本，那么，建设廉洁政治，推动中国的持续发展和民族复兴就有了坚强保证。

参考文献

[1] 熊培云. 透明，才能驱逐黑暗——访全球反腐败非政府组织"透明国际"总部[J]. 南风窗，2006（11）.

[2] Shengming Tang. From social control to disorganization: official corruption in China [J]. Social and Economic Studies, 1997（1）: 135-147.

[3] 许烺光. 中国人与美国人[M]. 徐隆德，译. 台北：巨流图书公司，1988.

[4] 谢相能，周建华. 腐败现象与中国传统文化[J]. 贵州社会科学，2006（5）：61-63.

[5] 王沪宁. 当代中国村落家族文化——对中国社会现代化的一种探索[M]. 上海：上海人民出版社，1991.

[6]（法）孟德斯鸠. 论法的精神（上册）[M]. 张雁深，译. 北京：商务印书馆，1982.

[7] 何增科. 政治之癌：发展中国家腐化问题研究[M]. 北京：中央编译出版社，2008.

[8] 邓正来. 布莱克维尔政治学百科全书[M]. 北京：中国政法大学出版社，2002.

[9] 刘祖云. 学术评价，远离权力和金钱[N]. 长江日报，2000-04-24.

[10] 刘绪贻. 民主，就是让人民自己作主[N]. 长江日报，1998-11-04.

[11] 刘祖云，胡蓉. 权力资源与社会分层：一项对中国中部城市的社会分层研究[J]. 江苏社会科学，2006（6）：166-173.

[12] 林衍. 香港：对腐败"零容忍"[N]. 中国青年报，2012-06-27.

[13] 习近平在庆祝全国人民代表大会成立60周年大会的讲话[R]. 人民日报，2014-09-06.

[14] 习近平在十八届中共中央纪律检查委员会三次全会上的讲话[R]. 人民日报，2014-01-15.

[15] 刘祖云. 社会转型与社会管理创新：一个新的分析视角[J]. 晋阳学刊，2013（5）：29-35.

第四编

文化学视角

　　腐败既是一种政治、经济现象，同时也是一种文化现象。在不同的文化环境中，腐败行为的表现形式有很大差异。中国社会中的腐败现象与世界其他国家和地区相比既有共性特征，也有相对独特的运作逻辑，其中，社会与文化因素发挥着不可忽视的作用。惩治和预防腐败，必须注重培育和弘扬廉洁文化。

第十五章 腐败研究的文化学视角

一、迈向腐败现象的文化解释

有关腐败现象的几种主流理论分析虽然都有一定的说服力，但都不同程度地存在局限性，这让人们逐渐关注导致腐败现象的文化因素。虽然文化视角还未成为腐败问题研究的主流，但已成为诸多腐败理论解释中不可忽视的重要力量。对于文化因素的强调，并不是要否定和替代其他几种理论解释，而是对主流理论视角的补充和丰富。文化因素的重要性体现在两个方面。

1. 腐败本身也是一种文化现象

从古至今，腐败现象从未根绝。但是，人们对于什么是腐败这个问题至今没有一个清晰明确的界定。有关腐败的国际比较研究表明，在不同的社会文化背景中，腐败的定义是不同的。美国耶鲁大学政治学和法学教授苏珊·艾克曼指出："一个人拿来行贿的东西，在别的社会可能只被看作一件礼物。作为政治领袖和政府官员帮助朋友、家人和支持者，在某些社会会受到人们的赞扬，在其他社会则可能会被视为腐败。"① 例如，在我国，政府官员为企业家阶层牟取利益显然是严重的腐败行为；但在美国等西方国家，政治人物通过竞选上台之后，总是要给自己的支持者以丰厚的回报，这种"权钱交易"行为却是正式制度和社会公众普遍认可的，并不属于腐败范畴。由此可见，关于"什么是腐败"，本身就是一个文化的概念。

2. 文化多样性决定腐败动机的复杂性

近代西方社会科学所隐含的西方中心主义是把发达国家的中产阶级白人作为标准范本，以此来理解人的行为动机。腐败现象的行为学分析也是以此为基础，以理性选择理论为最佳代表。但是，文化人类学研究表明，人是社会性动物，无时无刻不生活在社会关系之中，人的行为总是要受到社会规范限制，遵

---

① 转引自王程韡《腐败的社会文化根源：基于模糊集的定性比较分析》，载《社会科学》2013年第10期，第29页。

循特定的社会准则，而社会规范或社会准则又是特定文化的产物。所谓文化，是生活在一定地域内的人们的思想、信念及生活、行为方式的总称，文化通过风俗习惯等行为规范制约着人们的思想和行动。人类的文化是多样性的，文化的多样性使得生活在世界不同地方的人，尽管有着相似的生理结构，却有着截然不同的心理和行为。文化的多样性决定着人类行为的复杂性，文化多样性理论认为，绝对不能把腐败行为简单化和机械化。

现实生活中，一些腐败现象从最终结果来看，是行贿者和受贿者双方的"交易"。但是，还原腐败行为的过程，却完全不像理性选择理论所设想的情景，腐败官员并没有对成本与预期收益进行理性的计算，也很少有行贿者和受贿者之间进行正式与非正式的讨价还价，人情、关系等文化因素可能比利益更重要。

二、有关文化与腐败关系的研究综述

1. 国外相关研究

20世纪90年代以来，有关腐败现象的研究开始重视文化因素，形成了不少文献。瑞典的诺贝尔经济学奖得主冈纳·缪尔达尔在研究了一些亚洲国家的腐败问题后认为，在某些社会中存在一种腐败文化，他称之为"腐败的民俗学""这种民俗学对于人们怎样处理私生活，他们怎样看待政府旨在巩固国家、指导及促进发展所作的努力有决定性影响，它容易使人们认为掌握权力的每一个人都可以为了自己的利益、家庭的利益或他觉得应当忠于的社会集团的利益来利用权力"。[①] 并且人们对腐败的厌恶"会基本上变成对有机会通过不光彩手段营私之徒的羡慕"[②]。通俗地说，腐败民俗学意味着公众对腐败的宽容甚至认同，腐败作为一种社会风气，渗透到人们的日常行为模式中，成为一种"腐败文化"，反过来引导和影响人们的思维及行为模式。在这种腐败文化的氛围中，即使有个别清正廉洁者，也很难出淤泥而不染。班菲尔德（Eolward C. Banfield）认为，腐败在很大程度上是特殊恩宠关系的一种表现。[③] 在这种特殊恩宠关系下，政府官员感到有必要对自己的家族成员施惠。例如，在

[①] （瑞典）冈纳·缪尔达尔：《亚洲的戏剧：对一些国家贫困问题的研究》，谭力文、张卫东译，首都经济贸易大学出版社2001年版，第161～162页。

[②] （瑞典）冈纳·缪尔达尔：《亚洲的戏剧：对一些国家贫困问题的研究》，谭力文、张卫东译，首都经济贸易大学出版社2001年版，第161～162页。

[③] 参见姚登权等《腐败的权力意志根源与文化根源》，载《广州大学学报》（社会科学版）2006年第3期，第40页。

韩国,以全斗焕为代表的家族腐败最为典型。全斗焕本人出身于农民,当上总统后,真可谓"一人得道,鸡犬升天"。

在西方发达国家,资本和政府勾连紧密。在美国,贿赂已经变成了一种"诚实的贿赂"。其最常见的表现形式是某一城市官员接受公司赠送的股票,然后该城市的官员帮助该企业在这一城市获得垄断经营特许状或者承包合同,进而通过股票分红,该官员即"合理"地获得收益。这种所谓的"诚实的贿赂"产生的机制被美国学者称之为"旋转门"。这种机制可以归为两类,一是由产业或民间部门进入政府的"旋转门";二是由离任的国会议员或者政府高官就任于游说公司。"诚实的贿赂"显露出来的"合法化"植根于美国特有的政治文化。腐败现象呈现出来的另一特点是隐性化,即难以区分的"非法"和"不道德"的文化,称之为"隐性腐败"。这种隐性腐败产生的机理是由于政治文化中某些潜规则,即在政治运作中的潜规则。政治的潜规则使得官僚之间形成一个巨大的"场",官员如果不遵循这个潜规则就往往会被踢出这个"场"。这种隐性腐败往往存在于威权主义政治文化的国家,如苏联、印度尼西亚的苏西洛时期,这种威权主义政治文化的国家往往形成了集体性的腐败,形成如缪尔达尔所说的"腐败的民俗学"。然而,隐性的腐败在美国却表现出不一样的形式。在美国,有些行为虽然从伦理的角度看违背了道德的原则,然而它们不违法。美国创造出了一种难以区分的"非法"和"不道德"的文化,这种文化为那些被认为是不违法但不合道德的行为提供了巨大的弹性空间。

2. 国内相关研究

改革开放以来,腐败现象易发、多发,学术界对此高度关注。学者们归纳了新时期腐败的一些特征和趋势。第一,权力腐败呈现主体衍生性特征。受传统家族主义和宗法族制的影响,出现了腐败"家族化",并且腐败文化在代际传递。第二,腐败行为向社会蔓延。个体腐败和群体腐败并存,且群体腐败有上升趋势,涉及面越来越广,出现了集团腐败、群体腐败甚至是系统性、"塌方式"腐败。第三,腐败获得了一部分人的认同,衍变成一种社会风气。社会上"潜规则"盛行,腐败群体中形成和盛行一套与主流文化不相容的情感、倾向、观念、态度和价值观,腐败的社会认同度提高,腐败文化开始形成。

对于新时期腐败问题,学者也试图从文化角度予以解释,主要归纳为三种影响因素。第一,封建残余思想的影响。封建传统文化中存在着许多人治观念、臣民意识、特权意识等,而中国历来就有"贵至富随"的思想传统,这都是腐败的重要原因。有的学者认为,我国传统社会中以封建家长制为核心的政治文化,给官僚主义的滋长和蔓延提供了观念支持。另外,我国是一个具有悠久而牢固的宗法族制历史传统国家,人情网络的文化观念深厚,"人情开道"的观念是权力腐败的重要文化因素。有的学者将腐败的成因还原为日常生活世界的交往活动,认为正是由于日常生活世界人际交往重感情的文化特征和"讲人情"的运行规则影响了公职人员对腐败的认知和行为取向。对此,研究者们认为应该加强道德建设,弘扬儒家"民贵君轻""民为邦本"的民本意识。第二,资产阶级腐朽生活方式和价值观念的影响。新时期的权力腐败与西方文化的输入密不可分。资本主义的拜金主义、享乐主义和极端个人主义侵蚀了公职人员的思想意识。传统文化忽视个人利益和人文关怀,这种久受压制的个性心理与西方追求个性解放、张扬个人利益的文化理念激烈碰撞。传统小农的褊狭自私意识与西方资产阶级唯利是图、金钱至上、疯狂追求个人享乐的文化价值理念相混合,变异出了极端的个人主义和享乐主义。加之市场经济改革重整了利益格局,公职人员的主导价值观念发生了变化,实用主义和务实意识的影响加重,这为走向腐败埋下了祸根。西方资本主义主流文化的输入释放了传统文化对个人利益的压制,个人利益至上和拜金主义的资产阶级价值观念冲击了传统的价值观。第三,廉洁文化的脆弱和丧失。在文化层面上,中国传统社会事实上并没有形成足以与腐败文化相制衡的廉洁文化,导致腐败文化盛行,居于劣势的廉洁文化显得脆弱不堪。廉洁文化的缺失和脆弱,实际上就是对腐败的一种助长。反腐败必须加强中国特色社会主义廉洁文化建设,营造一种腐败可耻、廉洁光荣的文化氛围,筑起反腐倡廉的思想道德防线。

第十六章 新时期广东腐败现象的文化透视

课题组在广东省阳江监狱和广东省女子监狱选取30余名服刑的职务犯罪人员进行了深入访谈。本研究直接从腐败官员那里获取一手资料,还原他们腐败的动机,试图揭示腐败现象和社会文化之间的复杂关系。

一、道德界限模糊与腐败现象

制度和道德的产生都是为了约束人的行为,维护社会秩序。道德建立在人性本善的基础上,主张通过教化激发人内在善的因素,使人自觉遵守社会规范,主动约束自己的言行;制度的构建则着眼于人性中恶的因素,主张通过外在的强制力量约束人的行为。无论是在西方还是东方,制度和道德都是缺一不可的,两者相辅相成。

腐败行为既违反制度,也违反道德,制度和道德都具有防治腐败的功能。道德常常是预防腐败的第一道防线,然而人们经常忽视道德的约束作用。面对腐败现象,人们很自然地认为,腐败分子利欲熏心,不惜铤而走险,突破法律制度的硬约束,自然不会顾忌社会道德的软约束。这种观点的偏颇之处在于,现实生活中毫无道德廉耻的人很少。在行贿受贿案件中,大部分行贿者和受贿者都能认识到腐败是不道德、不光彩的,都会产生罪感压力。道德在预防腐败方面之所以显得乏力,主要在于道德规范所界定的是非边界模糊,难以形成刚性约束力。制度规定的行为边界都是很清晰的,社会成员必须无条件遵守;相反,道德只是规定了人的行为必须遵循的一些基本原则,而某一具体行为是否符合道德规范,需要在具体的情景中举一反三,根据以往的经验、内心的良知、预期周围人的反应来做出判断,这就给行为者很大的解释空间。行贿者和受贿者双方通过心照不宣的共同表演,利用社会文化中的符号与象征资源,重新定义自己的行为,将腐败交易"自我道德化"。这种"自我道德化"的努力看上去是自欺欺人,但这种自欺欺人的行为的确发挥着不可替代的重要功能,能够减轻行为者心理上的压力。

中国社会延续了几千年的儒家文化，围绕"公""私""义""利"问题形成了一套完整系统的道德规范。在公与私方面，儒家文化倡导的是克己奉公、大公无私；在义与利方面，儒家文化倡导舍生取义、重义轻利、见利思义。腐败行为明显是损公肥私、见利忘义，显然违背了儒家有关公私义利的道德规范，是一种可耻的行为。然而，中国人在现实生活中对事物的理解和处理方式并不是采用非此即彼的二元对立模式，而是一种"连续统"的方式，人们所面对的公与私、义与利界限通常是模糊的、游移的，弹性很大，甚至对立面也可以相互转化。费孝通先生在《乡土中国》一书中提出了著名的差序格局概念。在差序格局里，每个人都以自己为中心结成网络，公私群己之间并无清楚的界限。中国传统社会里一个人为了自己可以牺牲家，为了家可以牺牲党，为了党可以牺牲国，为了国可以牺牲天下，但他并不承认自己是自私的。[①] 在差序格局里，公和私是相对而言的，在任何一圈里，向内看也可以说是公的。公私义利之间界限模糊，甚至可以相互转化，给行为者很大的解释空间。例如，某一权钱交易行为虽然明显属于腐败，违背了公私义利的基本原则，但是，行为者可以重新划分"公""私""义""利"的边界，从而使其行为纳入道德规范之内。现实生活中大量的腐败行为都披着道德伦理的面纱，很多腐败分子都认为自己在道德上是没有错甚至是不容置疑的。

1. 小团体主义的集体腐败

中国两千多年的封建社会，生产力水平低下，社会分工不发达，人们在生产和生活中对家族、宗族等首属群体极其依赖，往往依靠小团体的力量争夺资源、维持生存，这是小团体主义形成的经济社会根源。小团体主义只关心自己小部门、小地方的利益，不顾全大局，本质上是个人主义；但小团体主义把自私狭隘的个人利益包裹在集体利益名义之下，就可以凭集体利益之名光明正大地谋个人利益之实，规避道德的约束。

近年来，集体腐败现象屡见报端。2013年曝光的广东科技行政系统腐败窝案，涉案人数逾70人，其中包括广东省科技厅原厅长李兴华和广州市科信局原局长谢学宁。腐败窝案席卷广州、佛山、中山、河源等多地科技系统，其中广州、佛山成为重灾区，广州检方2013年立案查处该市科技信息系统腐败窝案25件29人，其中涉及局级官员1人、处级官员7人，涉案金额共计5 000余万元。

上下勾结、利益均沾，是集体腐败案的典型特征。集体腐败的单位通常在节日、年终或举办某种活动之时，以关心干部职工生活、为干部职工谋福利为

---

① 参见费孝通《乡土中国》，北京大学出版社1998年版。

借口，以补贴、奖金或实物的方式滥发给干部职工，一般是人人有份、差别不大。曾经在很长一段时期内，国家机关和企事业单位设立"小金库"成为一种普遍行为，虽然国家屡屡整顿，却始终无法消除，一些单位的"小金库"反而越来越"大"。同样是政府公务员，不同单位的基本工资差别并不大，福利差别之大已经是公开的秘密，由此产生了一种官场亚文化，即单位领导就像是家长，要关心单位员工的衣、食、住、行等生活状况。领导为自己单位的员工谋福利，成为一种责任和义务。通过化大公为"小公"，既能为自己带来物质利益，也能赢得单位同事的拥护，一些官员乐此不疲。

珠海市邮政局某干部因私设小金库，贪污65万元，被判刑入狱。在接受法律惩罚的时候，她仍然振振有词，在道德上为自己开脱，声称自己并不是为了个人利益，而是为了集体的公共利益。她说："这件事得益的不是我一个人，全部职工都是受益的。只是几个头承担了。当时，职工那么多都是自己的老同事了，也只是希望他们过个'肥年'。在合情和合法之间，两者怎么选择，我们选择合情，结果自己受罚。"

在中国的社会文化中，公私不分是很常见的现象。很多正式的公务行为，原本应该通过正规的程序，公事公办。然而，现实中要想顺利开展工作，打开局面，必须和相关部门特别是财政、人事等强势部门搞好关系，甚至通过非正式的私人关系来解决公共事务，反过来也常常利用公共身份来解决私人事务，公私之间的界限是很模糊的。

茂名市规划局原局长雷某说："我做局长很辛苦。我是新局长，第一任局长，刚分出来就没钱，要与平时接触比较多的部门，例如财政、人事等部门搞好关系。请人吃饭时给每个人500元小'红包'和礼物是要准备的。那个时候经费又没有拨下来，难死我了，到处借钱，有时拿自己的钱做事。为了开展工作，所有的部门都不能得罪。"

湛江市环保局原副局长李某某说："没有明确这个单位一年多少接待费，要自己想办法调剂，这算是一种潜规则吧，每个单位都有一个'小金库'，没有哪个单位没有，除非你这个单位一点经济来往都没有。都有的！想办法自己攒点，逢年过节，人情来往，反正是现在这个社会的体制造成的。"

2. 把公共权力当作私人礼物

重情感、讲道义、知恩图报是中华民族的传统美德。"滴水之恩，当涌泉相报""投之以桃，报之以李""饮水思源"等等，是妇孺皆知的道义行为。相反，"知恩不报"自古以来就为人们所不齿，"忘恩"就是"负义"，违背了做人必须遵循的道义。传统文化中"报"的理念原本是一种积极的文化要素，教诲人们懂得感恩，但在官场上却被一些别有用心的人作为道德工具，用来掩饰自己的腐败行为，把权钱交易、买官卖官等行为也解释为一种施恩与报答。公共权力沦为腐败官员私相授受的"礼物"。

在茂名窝案中，官场上买官卖官风气之盛，甚至明码标价。这种行为显然已经严重违反了党纪国法，然而，在本研究中对茂名窝案几名主犯进行访谈时发现，他们仍然坚持解释这并不是买官卖官，而是被提拔官员的一种"感谢行为"。

茂名市原市委书记罗荫国从1993年至2011年18年间，有63人向其行贿。罗荫国受贿共计人民币862万元、港币1 318万元、美金40多万元。罗荫国除了为商人承揽工程、中标项目、土地办证、企业用地、酒店评级等方面牟取利益外，主要受贿犯罪事实还体现为在干部任命、人事调整、工作调动、职务升迁、关照工作等方面为他人牟取利益。罗荫国在访谈中坚持认为自己的行为并不是买官卖官。他说自己家庭条件很好，从小到大从来不缺钱，所收受财物都是下级官员给自己的"报答"。他甚至还站在送钱的人的角度考虑说："我做市委书记你做县委书记，你给我送'红包'，我第一次没收，第二次没收，你肯定就想啊，心里发慌。"

在茂名窝案中，和罗荫国一起落马的茂名市人大常委会原副主任朱某某，同样也涉及买官卖官。经检察机关查明，朱某某在干部提拔、人事调动、换届任用过程中均收受贿赂，先后收受了当地57名干部共计人民币1 238万多元、港币360万元、美金20万元。这些当地干部送钱给他，有的是想由镇长升做镇党委书记，有的是想由小镇的书记转任大镇的书记，有的是想从镇里调到市里的单位，他们的手段是一样的，就是用钱疏通障碍。对此，他的解释同罗荫国如出一辙："买官卖官这方面我不知道怎么解释。我是受贿的，而且我受贿额度也比较大，但是从来没有是一个干部送钱给我以后才任用他，可以这样说，都是任命以后为了感谢我送的。好像拿钱给你，不是我们讲好要多少钱，没那么恐怖。我们都是要退给他。人是这样的，他送了，你一退去，他不安稳了，你这个书记对我是什么看法了。有看法，形成了一股风，形成以后也是很危险的。"

虽然无从揣测罗荫国等人真实的心理动机和状态，但从其说辞就可以知道他们是如何通过牵强的动机转化来为自己开脱、规避道德约束的。由于传统文化中道义和利益之间的界限十分模糊，行为者在特定情景下对公私义利的边界进行重新划分，对自己的行为进行重新解释，通过心照不宣的共同表演，为客观上不道德的权钱交易行为披上礼物馈赠、人之常情的面纱，纳入道义的范畴，就可以心安理得地进行腐败行为。公私义利边界的模糊使道德的约束力严重弱化。

二、人情关系异化与腐败现象

改革开放以来，党和国家高度重视惩治和预防腐败，制定了比较完善、健全的法规制度体系，试图用刚性的制度约束党员和领导干部的行为，遏制腐败蔓延势头。从正式的规章制度和法律法规上看，行贿受贿等腐败行为很容易界定，但在现实生活中，"权钱交易"却通常被冠以"人情往来"的名义。在中国的社会文化背景下，人情往来与权钱交易的截然区分只存在于法律规范之中，在社会实践中，行贿受贿行为与正常的人情往来之间很难划出清晰的界限。

传统小农社会的流动性很低，费孝通先生将农民比喻为长在土地上的庄稼。小农社会是熟人社会，基于血缘、地缘、业缘的各种关系相互交织，高度重合，极其稳定。建立在小农经济社会结构上的儒家文化有一整套"做人"的基本原则，形成了以关系为核心的礼仪制度和交往伦理。重视人情关系，遵守人际交往的礼仪，让中国社会充满了人情味。然而，熟人社会的道德规范都是关系取向、特殊主义的，社会成员根据血缘、尊卑、亲疏、远近等关系的不同，彼此之间有不同的权利义务关系，由此导致中国社会特有的人情关系文化，亲疏有别、因人而异。这与现代社会公共生活所要求的普遍主义取向的社会交往伦理，以及公务人员秉公办事、一视同仁、不徇私情的职业伦理是相冲突的。在今天的中国社会，传统文化的影响深刻而广泛，现代社会的交往规则正在建立中，普遍主义的正式制度和特殊主义的人际关系激烈博弈。很多时候，身处多重角色的个人会感受到明显的张力，个人必须在私交和公事之间做出艰难的选择。

正是由于传统文化中礼仪观念的支撑，腐败行为者就可以大方和心安理得地赠送与收受"红包"。以"礼尚往来"的名义行贿受贿，是当前腐败行为的突出特点，"红包"礼金已经蜕变为权钱交易的遮羞布。在我们访谈的腐败人员当中，有相当大比例的人犯的是受贿罪，而他们受贿的方式大多是收受"红包"。很多人直到身陷囹圄，仍然坚持认为自己的行为只是正常的人情交往，并不构成受贿罪。可以说，在中国的社会文化中，无论是送"红包"还是收"红包"，在社会规范中都是一种义务。

1. 不得不接受的人情

一方面，面对别人送来的"红包"，不能轻易拒绝，否则就是很失礼，表达了与对方断绝关系的文化含义。

在中国的社会文化中，相互的礼物馈赠是维持人情关系的重要手段。收礼是欠人情，送礼是还人情，在礼尚往来过程中，人与人的关系得到维持和发展。直接当面拒绝他人赠予的礼物或其他形式的人情是一种"绝情"的表现，意味着自己不希望与对方建立关系或维持交往关系。掌握公共权力的国家公务人员也是世俗社会中的一员，处在亲人、朋友、老乡、同学、同事等构成的关系网络之中，受到人情、关系文化的影响和制约，也不得不经营自己的人情关系网络。因此，接受别人的人情，也是一种义务；否则，就难以和别人建立亲密的信任关系，自己的关系网络就会越来越小，在生活中就得不到帮助，在心理上和情感上就会产生压力。

当接受人情被视为一种义务，并且被大多数社会成员默认为现实行为法则时，拒绝接受他人以贿赂形式表达人情的行为就容易受到他人非议。他不仅会受到他人的孤立和排斥，甚至成为他人眼中的"异类"。

2. 不得不回报的人情

收了别人的"红包"，就等于欠了别人的人情，按照"等价交换"的交往原则，是应该找机会回报的。正如学者翟学伟所言"回报不是一种个体理性的或对自身有利的选择，而是一种义务，它迫使中国人在交换过程中常会有不得已而为之的心理压力"①。并且，接受与回报之间也要保持大致的等价交换，如果接受了对方的人情，不能足够偿还，就会觉得欠了人情，就会产生心理压力。

法律对国家公务人员的行为有特殊要求，这种要求与礼俗社会的日常生活规范存在冲突。公务人员如果完全遵守法律规定，就有可能触犯社会人情规范；如果完全遵守社会人情规范，就很可能违反党纪国法。某种程度上，诸多腐败行为的发生就可以看成是国家工作人员舍弃法律规范而选择遵循人情规范的结果。公务人员在"欠人情"的压力下，如果不能以合法的方式进行回报，就很可能利用自己掌握的公权力，以非法的方式回报。在这种文化背景下，行贿者和受贿者都心照不宣地把权钱交易行为解释为亲朋好友之间的礼尚往来，当然，彼此的动机都心知肚明。罗荫国坦言，在面对"红包"的时候，基本上都能判断出对方的动机，有没有异样的想法，不能说百分之百都能了解得到，但多数还是可以知道的。

很多时候，行贿者不会很直接很明显地直奔主题，而是通过小步快跑的方式，进行长线投资，多次向公务人员馈赠小额礼物，建立朋友关系，使公务人员感觉欠自己的人情，然后期待着在未来某个时刻得到回报。就像茂名石化原总经理姚某某说的："（行贿人员）就像苍蝇，无孔不入地、雪中送炭地帮你

---

① 翟学伟：《报的运作方位》，载《社会学研究》2007年第1期，第89页。

垫钱，先给你的小孩包个'红包'，或者买个很贵的书包，慢慢地积少成多。"珠海市人民医院药剂科原主任陈某某也坦言："这是每一个人都有的心理，就是从开始肯定要先建立一种信任，了解了以后，开始可能会涉及工作上的一些正常需要，但慢慢地大家作为朋友了，就会有一些个人的需要。"于是，"红包"文化与传统的礼仪文化捆绑起来，礼仪文化为"红包"的流行赋予了广泛的合法性和合理性，于是"红包"文化成为社会潜规则之一，成为做人办事甚至升官发财的必要方式。

通常，在相对封闭的地区，社会关系盘根错节，传统文化更加根深蒂固，人们的行为处事更加注重人情关系，"红包"文化也更加盛行。而在一个开放程度高的地区，例如深圳，是一个陌生人组成的社会，人际关系相对简单，人们对正式制度的接纳程度也更高，更愿意照章办事，收"红包"、送"红包"的压力反倒没有那么大。

三、"官本位"思想盛行与腐败现象

"官本位"是一种以官为本、以官为贵、以官为尊的思想意识，官僚主义、形式主义、唯上是从就是这种思想意识的外在表现。封建社会等级森严，底层民众向上流动的渠道很窄，学而优则仕是寒门摆脱贫困低贱的社会地位、实现翻身的唯一机会。"朝为田舍郎，暮登天子堂""十年寒窗无人闻，一朝成名天下知"，这是社会上"官本位"意识的真实写照。

"官本位"文化在中国根深蒂固，时至今日仍然很有市场。由于政府掌握着大量的社会资源，当官可以成为"人上人"，权力可以换来金钱，也可以换来敬畏。广东省市场经济发达，社会成员对正式制度的接纳程度整体上比较高，但是一些党政干部和民众仍然有强烈的"官本位"思想，这种文化成为滋生腐败的土壤。

1. 唯上是从的官场亚文化滋生用人腐败

在传统的"官本位"文化中，唯上是从是大小官员普遍的行为准则。这是因为，一旦进入仕途，"升官"是官员职业生涯中向上爬的唯一阶梯。在封建专制制度下，官员能否得到晋升，几乎完全取决于上级的"安排"。权力"金字塔"结构牢不可破，官大一级压死人，下级对上级唯命是从，极尽谄媚之能事。

新中国成立后，对传统的官场亚文化进行了强力扫除，培养党员干部的无产阶级觉悟，但是，传统的文化糟粕具有很强的历史惯性。当前，我国干部选拔任用制度不断完善，干部任用民主化程度显著提高，但是，"少数人选人、

在少数人中选人"的现象还存在。由于是上级给下级发"乌纱帽",导致下级只对上级负责,而不是对老百姓负责。下级要想获得晋升,最主要的是获得上级的认可。被访谈的腐败官员无一例外都认为,决定官员晋升的因素中,关系和能力同等重要,只有关系没有能力,不能服众,领导也不敢把他提拔到重要岗位,即便被提拔,位置也不会坐稳,到头来还会连累领导;反过来,只有能力没有关系也不一定行,在错综复杂的权力利益格局中,能够左右逢源,与领导建立和维持良好的关系本身也是一种很重要的能力。

组织部门在考核选拔干部的时候,标准主要看干部的政绩,好的政绩可以掩盖道德和法律上的问题。通常,那些遵守规矩、埋头做事的官员,所做的都是基础性的工作,其政绩不容易被上级看到;反而那些不拘小节、善于折腾的官员,通常能够把表面文章做得很漂亮,而这些官员常常居功自傲,轻视党纪国法,有的甚至道德败坏,没有底线。这种负面激励,让官员学会做"表面文章"。

在一些地方和领域的官场上,下级对上级表达忠诚,寻求恩惠与庇护,已经成为通行的潜规则。大多数情况下,买官卖官并非赤裸裸的"一手交钱、一手交货",行贿者也未必会马上直指目标,而是先通过细水长流的方式向上级示好,表达忠心。逢年过节、婚丧嫁娶等重要时间点,下级都要及时地"孝敬"上级。送礼成为正常现象,不送礼反倒传递出不正常的信息。正如茂名市规划局原局长雷某说的:"领导说谁送的,我可能不记得,但是说谁没送可能就记得最清楚,这就是社会风气。我在这样的环境,我就要考虑把我该送的送好,自己要做的事情做到位。我不做到位麻烦就大了,在这个社会就没法立足。"

在买官卖官之风盛行的情况下,"不跑不送,原地不动;又跑又送,提拔调动"的官场潜规则大行其道,最终"劣币"驱逐"良币",那些坚持原则,不跑官买官的干部反倒成了异类。湛江师范学院原院长郭某某感慨:"真的像海瑞一样,走清流,人家都怕你,你很难做的,你不和别人在一起勾勾搭搭,不去跑不去走的话,你就会很孤独。你不入这个流,自己只能死干,你就没有办法(得到)提拔。"

2. 民众权力崇拜思想浓厚,民主观念淡薄

"官本位"思想并不只是流行于官场,同样盛行于民间。中国传统社会中的老百姓同样以官为本,把"官"作为自己的奋斗目标和崇拜对象。老百姓自古就明白"民不与官斗"的道理,对官极其敬畏,他们从未想过把官"打倒",而是千百年地梦想着能够有一个包拯一样的"青天大老爷"为民做主。和马克思所分析的法国农民一样,中国传统社会的小农是分散的、孤立的小私有者，不能形成集体的阶级意识和政治组织。"他们不能以自己的名义来保护自己的阶级利益，无论是通过议会或通过国民公会。他们不能代表自己，一定要别人来代表他们。他们的代表一定要同时是他们的主宰，是高高站在他们上面的权威，是不受限制的政府权力，这种权力保护他们不受其他阶级侵犯，并从上面赐给他们雨水和阳光。"①

在迈向法治社会的今天，"官本位"的思想残余依然深深影响着我们的社会，民众的民主意识仍然处在启蒙阶段。很多人面对权力习惯于逆来顺受，对腐败现象只是原则性地痛恨，对发生在身边的腐败现象熟视无睹、明哲保身，遇事"睁一只眼闭一只眼"，甚至参与其中，从中分得一杯羹。民众的隐忍态度也是公权力腐败的帮凶。

四、官商圈子文化与腐败现象

众多腐败官员的背后都可以看到商人的影子，而成功商人的背后也几乎都能窥见官员的背影。一些掌握权力的官员和掌握金钱的商人之间形成紧密的利益共同体。

中国传统社会长期奉行重农抑商政策，在"士、农、工、商"的等级序列中，商处在末端。但岭南地区是一个例外。独特的自然条件使岭南地区有别于传统的自然农业社会，商业贸易活动是岭南地区一种极重要的生产和生活方式。在传统的岭南社会，由于工商活动的繁荣和渗透力，使得商人渐有势力，而绅士渐退。商与官近，至以"官商"并称，官员与商人建立非常密切的关系，形成官商共同体，或称"官商圈子"。清代盛极一时的广东十三行，固然得益于广东地理人文环境、悠久的通商历史及粤商个人品行等各方面的因素，但与朝廷的关系不能忽视，官商合作，各取所需，是其成功的必要条件。

传统岭南社会官商共同体的文化在改革开放的今天也得到延续和强化。在以经济建设为中心的发展理念支配下，官员最大的政绩就是推动 GDP 的增长，而发展地方经济，第一要务就是招商引资。尤其是在欠发达地区，招商引资、加快发展依然是地方政府的首要任务。于是，为了共同利益，掌握公共权力的官员和追求经济利益的商人就光明正大地走到一起，相互支持。社会上流行这样一个说法：商人没有一定的关系和后台，生意很难做大；而官员没有一群商人朋友的支持，很难做出政绩。在新的制度环境中，官员和商人之间的关系亦

---

① （德）卡尔·马克思：《路易·波拿巴的雾月十八日》（1851年12月中至1852年3月25日），见《马克思恩格斯文集》第2卷，人民出版社2009年版，第566～567页。

公亦私。官员给予商人的"关照"都堂而皇之以"招商引资""优惠政策"的名义进行，而商人则给予官员全方位的回报。这种官商圈子实际上就是利益勾兑。很多企业和官员有着千丝万缕的联系，权力与资本的结合也就成为必然。

五、法治文化不彰与腐败现象

腐败是全世界都要面对的问题，只是每个国家和地区腐败的程度不一样。相对来讲，法治比较健全的国家和地区，腐败程度相对较低。我国反腐败的经验也表明，从根本上惩治和预防腐败，还是要依靠法治。然而，现实生活中很多制度并不能够得到贯彻落实，甚至执法者本身带头违反法律。这种现象让研究者认识到，引进法律制度固然重要，更重要的是建立法治文化。

1. 反腐立法缺乏社会认同

当前，依法治国理念深入民心，社会主义民主法治进程有了很大进步。但是，总体而言，在反腐败领域，立法数量很多，但质量参差不齐，很多法律规定操作性差，有些制度也没有得到认真执行，有些法律很难得到社会认同，自然也就很难落实。

腐败是一个社会问题，渗透到社会生活的方方面面，反腐败已经成为一个全局性的任务，需要全社会的共同参与。然而，我国现在的反腐败立法工作中，人民参与的途径和方式还比较单一。各部门起草的规范性文件之间还存在交叉冲突，这本身也不符合法治精神。立法过程缺少群众参与，最终导致立法缺乏民意基础、脱离客观实际，社会认同度低，执行起来难度较大。

2. 选择性执法削弱法律震慑力

现代社会的法律是一种公共契约，一旦确立，包括立法者、执法者和司法者在内的全体社会成员都要严格遵守，即"法律面前人人平等"，任何团体和个人都不能凌驾于法律之上。然而，直到今天，社会上的特权思想依然很严重，某些人依靠权势逃避法律制裁的现象时有发生。在访谈中，很多人认为，自己受到法律的惩罚并不是因为自己是"罪大恶极"的腐败分子，而是因为自己没有后台，成了"替罪羊"，或者在政治斗争中被对手暗算。例如，茂名市某派出所原所长说得更直白："抓我进来开始想不通，后来慢慢习惯了，后来想通了，倒霉了，偏偏抓到我了。"选择性执法最终会使法律权威受到严重削弱。因为既然可以通过某种方式逃避法律的制裁，再严厉的法律也都形同虚设，成了"纸老虎"。

3. 法不责众侥幸心理普遍存在

法律如果不能做到公平公正、对任何腐败分子都零容忍，就会让潜在的腐败分子心存侥幸；而一个地区或单位腐败成风的时候，人们就会觉得法不责众，对规则的敬畏感降低，从而诱发腐败犯罪。广东省高级人民法院执行局原局长范某坦言："当时在那个单位所有的人都没想到，我这么老实的人也会收钱。但是思想上也是会有，当时的风气不是很好，觉得每个人都一样，自己也不会有事吧。"

六、转型时期价值失范与腐败现象

美国政治学家亨廷顿认为，腐败现象高发与一个国家或地区的政治制度并无必然联系，而与社会特定发展阶段有关，通常出现于一个国家走向现代化的社会转型时期。社会转型时期，一方面伴随着财富的快速增加和权力的重新分配，利益结构复杂化，形成很多"灰色地带"，给腐败行为提供了客观条件；另一方面，社会原有的价值观系统逐渐解构、失效，需要新的价值体系来支撑，而新的价值体系并不能很快建立并发挥功能，这样一来，人的主观意识就容易产生腐败动机。

改革开放以来，中国社会处在剧烈的经济转型、社会转型过程中，社会的主流价值观也经历着剧烈的变迁。广东是改革开放的前沿，又毗邻香港和澳门特区，为广东的社会带来价值观念的剧烈冲击。过去，人们崇尚理想和信念，广大党员干部真心实意地把为人民服务作为人生信条，甘于在平凡的岗位上默默奉献，不计较得失，不追逐名利。很多老干部坚持共产主义的理想信念，一生清廉，两袖清风。这样的观念和行为曾经受到人们普遍的尊敬。然而，在市场经济大潮的冲击下，个人主义、消费主义、拜金主义等思想观念甚嚣尘上，理想、信念、奉献等甚至一度被边缘化。一些公务人员的人生观、价值观扭曲，不讲牺牲奉献、服务人民，而是追求升官发财、实现自我。他们在面对物质诱惑的时候，就会以市场等价交换的原则来衡量自己的利弊得失，感到在物质回报上不公平，产生相对剥夺感，进而诱发腐败犯罪。

1. 高付出与低工资导致心理失衡

近年来，随着行政体制改革的推进，政府的行政绩效提高，公务人员的工作压力加大，在许多单位，公务员"白加黑""五加二"的工作模式已成为常态。然而，公务员的工资和福利待遇增长幅度相对滞后于经济发展速度。这就让很多公务人员心理不平衡，觉得自己的收入与付出不相匹配，很多贪念由此产生。有一名服刑人员在谈到自己对工资收入的评价时认为："从现实来说，付出和回报，我觉得是不公平的，工资太低。我当了处级干部十来年，直到我当副厅级干部以前都是 2 000 多块钱，县委书记这个位置上，全部加起来不到 3 000 块钱。那时候一些学生出来广州、深圳，起步就是 10 000 块，我们工作了几十年，工资两三千块钱，如果你真的是廉洁的话，不能报销一些的话，你自己电话费都不够。"茂名市茂港区人民法院原院长严某也认为："工资太低，对公务员不公平。我也提过很多次，也写过很多次报告。一般工作人员好多次都没有提工资，他们只会盯住说你们管辖的这个地方，有钱发工资你们就提，没钱发工资你们就不要提。"

2. 社会阶层分化激发相对剥夺感

过去 30 多年，中国社会贫富分化问题比较严重，产生了一个权贵富豪阶层。广东经济总量多年位居全国首位，富人数量多，实力雄厚。公务员阶层虽然拥有较高的社会声望，但个人收入并不高。公务人员特别是高级官员，在公务活动或私人生活中所接触的群体，常常是中上层的社会精英，包括商人、律师等，这些精英阶层的收入水平通常比较高。这种收入差距让处于社会管理者位置的公务人员不同程度地产生相对剥夺感。一名服刑人员在谈到自己的犯罪动机时坦言，自己虽然很早就是厅级干部了，但和周围人比较的时候，就会觉得自己很寒酸，心理落差很大。"看着人家住楼房，开洋车，那你自己干了一个厅级干部下来，连个像样的家具都没有，也很寒心，这些问题就出来了。"范某也坦言，自己是法律方面的专家，如果不是在公务员队伍，凭借自己过硬的专业技能，一定能够获得可观的经济收入，看到那些明星、律师很轻易地获得高收入，心里感到很不平衡。湛江师范学院原院长郭某某说，自己和普通高校教师比起来，物质生活已经好很多了，但在行政级别上他是一个厅级干部，和社会上同级别的干部比起来，觉得自己的报酬太低了，独善其身很不值得。

除了与其他阶层进行比较以外，不同地区之间的公务人员也会相互比较。从事同样性质的工作，较贫困地区的公务人员工资水平与发达地区相比存在很大差距。这种差距是客观原因造成的，是必然的结果，但某些公务人员在思想上想不通，感到不平衡。茂名市规划局原局长雷某就说："对茂名来讲收入是太低了，我们正处（级）拿 5 000 元。这个不公平不是绝对数字的问题，是相对数字的问题。如果全国的正处都是一样的就不会有问题。我听说日本的公务员待遇任何地区都是一样的，只要是同样级别的都是待遇一样的。大家干公务员都是干一样的活，不是在经济发达地区就干事，在不发达地区就不干事。"茂名石化原总经理姚某某也说："央企为国家的工业发展做出很大贡献，但是央企这帮经营者，待遇跟他的责任和付出，确实倒挂。我们在香港培训上市的时候，有个人说他的工资仅几千块钱，却给一个几千个亿的企业当法人代表。

这说明差距太大了。长期处于这种状态下,如果他家里经济很困难,又碰上什么事情,如小孩出国啦买房啊,如果有人又给他送钱,就是帮他一把,这个很容易会出事的。所以,高薪养廉,我倒是认为适度的高薪养廉还是有必要的。起码来说,他不用贪就能一直过得去,他做了贡献,管好这个企业,他能过得下去。要是差距太大,时间久了,心理会不平衡。"

七、社会风气败坏与腐败现象

根据诺贝尔奖获得者缪尔达尔的"腐败的民俗学"观点,一个国家之所以腐败泛滥,主要原因之一就在于腐败已经在社会上成为一种文化,甚至开始成为被人们接受或默认的价值。腐败文化一旦形成,就具有巨大的侵蚀力,一个人要想做到"出淤泥而不染"十分困难。

1. 为达目的不择手段成为一种信条

改革开放以来,党和国家把工作的重心转移到经济建设上来。在这种背景下,效率优先、兼顾公平成为必然选择,有其历史的合理性。当时,整个社会的价值取向是能力至上,尊重能人,一个人只要工作有能力、能够创造业绩,就能得到社会成员的认可,至于工作作风、人品道德等问题都可以忽略不计。人们的普遍心态是只关注结果,不过问过程。以成败论英雄的社会价值规范,促使一些人为了实现预期的目标,可以不择手段。就是从这时候开始,一些旧社会的丑恶现象又死灰复燃。

刚刚改革开放的时候,珠三角的农村里流行一句话:干部面红红,群众有分红;干部脸青青,群众心惊惊。所反映的当时社会的普遍共识是,干部为群众利益而吃喝,只要群众能够得到分红,人人利益均沾,就可以默许甚至鼓励干部的吃喝行为。这个时期,以解放思想的名义,很多道德规范被挑战,诸如"水至清则无鱼"等为腐败行为开脱的思想观念开始卷土重来。那些坚守理想、信念、道德的人士,被认为是思想保守、跟不上时代。久而久之,社会就会愈加堕落。在这样的社会风气浸染下,道德对腐败现象失去约束力,人性中恶的一面被充分激发出来。茂名市工程监督局原局长谢某某感慨:"大家都知道,在这个社会上,就要靠你自己拒绝,如果你不拒绝的话,你再多的规定也是没用的。"

2. 纵容腐败成为社会风气

在改革开放的过程中,一些社会精英,包括政治精英、经济精英、知识精英,奉行功利主义的价值观,认可腐败、纵容腐败,甚至把腐败合理化、合法化。例如,前些年有不少著名的经济学家公开声称"腐败是改革的润滑剂,是走向市场经济的'买路钱'"。以致我们的社会走到了今天这样一个地步："笑贫不笑娼""笑廉不笑贪"。无论是社会上还是官场上，一些人不但不以腐败为耻辱，反而把腐败作为一种能力到处炫耀。

当社会上腐败盛行，搞腐败的人大行其道、如鱼得水，而那些坚守正义、保持廉洁的人却处处碰壁，腐败就成为一股社会风气，严重污染社会心灵，搅乱、异化人们的人生观、价值观。腐败文化涣散民心，严重侵蚀社会精神基础。当腐败分子的涉案金额不断刷新纪录的时候，人们对腐败的容忍界限也在提升。过去贪污几十万元，人们就会感到很震惊、痛恨，现在贪污几千万、几亿元的"老虎"很多，对于那些贪污几十万、几百万元的"苍蝇"，人们已经无暇顾及，不以为然了。若是有人因为几万元东窗事发，很多人甚至会表示"同情"。

在本研究访谈的对象中，也有很多人开始的时候是坚决拒绝的，但在一波又一波的"糖衣炮弹"面前，最终没能坚守住底线。珠海市人民医院药剂科原主任陈某某说："关于药品提成，因为药品用量大，在医院用的时间又比较长，因此会有一部分利润从上到下分配，这笔钱是要给的，至于说收不收就要看你的这种屏蔽能力了。我觉得目前好像很难有人能够屏蔽掉。"

第十七章　文化视角下广东反腐败的实践探索

腐败产生具有文化的原因，广东在惩治和预防腐败实践中，在加强制度建设的同时，也注意从文化角度入手，铲除腐败滋生的文化土壤，建设廉洁文化，营造健康向上的社会文化氛围。

一、建立长效机制，遏制"红包"文化泛滥的趋势

广东的文化传统中，逢年过节亲朋好友间有相互赠送红包的习俗，这是正常的人情往来；但是，借"红包"名义进行利益输送的现象也屡禁不止，一度愈演愈烈。广东历来高度重视对领导干部收受红包行为的治理。早在2001年，就制定出台了《关于严禁党和国家机关及其工作人员接受和赠送"红包"的规定》，对不同性质的"红包"进行了区分，明确党和国家机关及其工作人员在国内交往和对外交往中，不准接受管理和服务的对象、主管范围内的下属单位和个人、外商和私营企业主及其他与行使职权有关系的单位和个人赠送的"红包"（包括现金、有价证券、支付凭证、信用卡、购物卡等）。

为建立健全防范收送"红包"问题的长效机制，2011年，中共广东省委办公厅、省政府办公厅印发《关于贯彻落实〈廉政准则〉深入开展治理收送"红包"问题工作的意见》，要求领导干部要在职工大会上承诺拒收"红包"，各地区党政主要领导要将承诺向社会公布。党的十八大以来，广东治理"红包"的力度进一步加大，并且取得明显成效，每年都查处追缴或党员干部主动上缴巨额"红包"礼金。但从这些年查办案件的情况看，这些制度的执行效果并不好，"红包"问题还没有根本好转，还需要继续努力。

二、推进廉洁城乡建设，营造健康向上的民情民俗

2012年1月，中共广东省纪委十届六次全会对全省推进廉洁城市建设做出部署；5月，中共广东省第十一次党代会把"推进廉洁城市建设"纳入五年

总体规划；6月，中共广东省委办公厅、省政府办公厅印发《关于推进廉洁城市建设的意见》，提出"建设廉洁高效政府、廉洁公正司法、廉洁党员干部队伍、廉洁城市文化、廉洁诚信社会"五大基本任务。

2011年，广东出台《关于加强廉政文化建设的实施意见》，着力培育以诚信、务实、创新、高效等为内核的广东特色人文精神，形成追求公平正义、反对腐败、敢于监督的社会氛围。中共广东省纪委按照建设一批廉洁文化"六进"示范点的目标，积极培育社会主义核心价值观，把培育廉洁价值理念融入国民教育、精神文明建设和法制教育之中，与群众性精神文明创建活动相结合，进一步营造廉荣贪耻的社会环境。各地也结合本地区实际，挖掘廉洁文化资源、升华廉洁诚信的现代市场经济法则，培育廉洁的共同价值观。

三、加强法治建设，弘扬社会主义法治文化

广东的反腐败法规制度建设一直走在全国前列，具有比较扎实的基础。广东较早出台了《广东省村务公开条例》《广东省政务公开条例》等一批高质量的反腐倡廉地方立法。这些立法有的走在全国前列，有的属于广东首创，有力推动了广东省反腐倡廉法治化进程。2013年，汕头、珠海两个经济特区率全国之先出台预防腐败条例，在反腐立法方面进行了有益的探索。作为中国首部预防腐败地方法规，《汕头经济特区预防腐败条例》提出了规范健全社会诚信体系和市场监管体系，推行以居民身份证号码和组织机构代码为基础的统一社会信用代码制度，加强"信用防腐"。《珠海经济特区预防腐败条例》则提出了建立预防腐败的预警与倒查机制，推广运用廉情预警评估系统，建立起全方位预警机制。广州和深圳也在预防腐败方面和特区立法方面进行了探索。

在对党员领导干部和公职人员的法制教育方面，广东也具有自己的特色。截至2015年10月，省纪委连续14年举办"党政主要领导干部党纪政纪法纪教育培训班"，增强党政主要领导的法律意识和法治素养；同时，针对腐败多发的权力集中部门、资金密集领域开展"领导干部廉政教育班"，为领导干部廉洁从政打好预防针。

四、引导舆论宣传，营造廉荣贪耻的社会文化氛围

一个社会的"正气"和"邪气"之间的斗争，不是"正气压倒邪气"，就是"邪气压倒正气"。一旦歪风"邪气"占据上风，整个社会就会变得乌烟瘴气，人会变得愈加堕落；而一旦"正气压倒邪气"，整个社会就会"风清气

正"，人人争相积极向上。广东高度重视廉洁文化建设，把培育廉洁理念融入国民教育、精神文明建设和法制教育之中，积极营造健康向上的人文环境、廉荣贪耻的社会文化氛围。

广东在廉洁文化建设中除了高度重视对公职人员的教育，还充分发挥媒体的作用，积极开展面向全体社会成员的普及教育和分类施教，积极传递廉洁广东正能量。省纪委连续多年组织开展"廉洁广东行"主题系列宣传活动，与媒体建立战略合作关系，采取以省内主流媒体为主、发动中央驻粤媒体参与、各地级以上市主流媒体形成互动的舆论宣传方式，主动设置议题，及时解读反腐败重要法规制度和重大决策布置，提升反腐倡廉宣传报道的影响力。在引导社会参与方面，各级纪检监察机关采用各种有效方式与公众交流互动。例如，省纪委邀请网友从工作推进度、腐败接触度、腐败抵制度、成效满意度等方面对廉洁城市建设进行网上测评，网民踊跃参与投票，积极献言献策，使廉洁城乡建设成为家喻户晓的一项工作。湛江等地开展基层领导干部述廉述职，同时设有媒体直播、网络同步直播，吸引网友参与、"拍砖"。一些地方探索建立反腐败宣传教育和作风监督志愿者组织，也起到了很好的传播作用。

第十八章　加强广东廉洁文化建设的建议

惩治和预防腐败问题，必须坚持制度建设和文化建设双管齐下，使广大党员干部从内心敬畏规则，慎用权力，珍惜名誉，真正做到"不想腐"。

一、加强制度文化建设，增强全体社会成员的规则意识

制度缺失是滋生权力腐败的根本原因，缺乏遵守规则的制度意识是中国人的一大通病。制度建设工作除了要建立和完善制度体系，还要强化党员干部和社会公众的制度意识、规则意识，在全社会大力培育敬畏规则、遵守程序、照章办事的制度文化。

首先，切实增强制度的可操作性。制度的设计要考虑客观实际，以能够不折不扣地落实为第一原则，不求面面俱到、细致入微，而是要抓住突出问题和主要矛盾，在重点领域和关键环节把好关，简单明了，直指要害，最大限度取得社会成员的认可，让规章制度真正能够贯彻执行，发挥应有的功效。

其次，充分发挥领导干部的表率作用。以上率下，既是身居高位者的担当，也符合权力运行、制度执行的规律。制度能够得以贯彻执行，领导起着关键作用。"己身正，不令则行；己身不正，虽令而不行。"在党内要加强对党政主要领导的制度规范教育，使之牢固树立法律面前人人平等、制度面前没有特权、制度约束没有例外的意识以及严格秉公办事的观念，自上而下树立以制度为行为准绳的风气。

最后，建立严格的责任追究制度。对违反制度的人和事，要坚持原则、秉公办事，只要事实清楚、证据确凿，无论是领导还是一般工作人员，都要严格追究，不能搞灵活变通、下不为例，不能大事化小、小事化了，切实提高制度的权威性和严肃性。

革除旧文化、建设新文化是一项长期而艰巨的工程。只有完善制度体系，严格落实各项制度，形成对公职人员行为的刚性约束，厚植制度文化，才能逐步让公职人员养成一种良好的习惯，逐渐形成人人自觉遵守规则的良好社会

氛围。

二、坚持正确价值导向，营造风清气正的选人用人环境

治国之要，首在用人。"德者才之帅，才者德之资。"必须坚持正确的价值取向、任人唯贤的干部路线和德才兼备、以德为先的用人标准。要树立科学政绩观，避免只看结果不看过程，全面辩证地对干部的德能勤绩进行综合评价。重视干部的思想品德和工作生活作风，让那些工作踏实、作风正派的干部得到提拔和重用，对整个干部队伍形成正面的激励作用，营造风清气正的选人用人环境。

三、大力培育公民文化，强化社会公众的权责意识

公民有广泛的权利，同时也有相应的责任。在自由和秩序的关系上，虽然不同学派的关注点有所不同，但对社会责任的担当是一个成熟的法治国家对社会成员的基本要求。惩治和预防腐败，需要全体社会成员共同参与，要面向全体社会成员加强教育，把思想教育、纪律教育与社会公德、职业道德、家庭美德教育和法制教育结合起来，让社会成员了解公民的基本权利和义务，克服特权意识和臣民思想，防范自由主义和民粹思想，增强社会成员参与公共生活的能力，更好地对公共权力进行监督。

加强对社会精英阶层的教育和引导。支持和鼓励各领域的社会精英阶层成立行业协会等社团组织，进行自我组织和管理，通过社团组织对精英分子进行职业操守和社会道德约束。政府要引导和鼓励社会精英阶层关注社会公益事业，增强精英阶层的社会使命感和责任感，使之自觉承担社会责任，争当社会道德楷模，通过精英阶层的示范作用，提升全社会的道德水平。

四、加强法治文化建设，增强全社会的法治自觉

党的十八届四中全会对全面推进依法治国做出重大部署，强调要建设社会主义法治文化。只有法律成为人们内心信仰的价值和自觉遵守的规则，内化于心、外化于行，法的意义和精神才能真正展现出来，法治的理想才能最终实现。

首先，加强对公职人员的法治教育。公职人员应该懂法，这是入职的门

槛，但更重要的，公职人员手握权柄，还应该畏法。一些具有法律专业背景的公职人员严重违纪违法，他们内心对法律规则的蔑视是最重要的内因。将法治教育作为公职人员特别是领导干部的必修课，强化公职人员的法律素养、法治思维和法治观念，增强法治观念和依法办事能力，严格依照法定权限和程序行使权力、履行职责。其次，加强面向全社会的普法宣传。把法治教育纳入国民教育体系和精神文明创建内容，针对不同领域、不同群体，不断创新法治宣传教育方式，形成"守法光荣、违法可耻"的舆论氛围。最后，对腐败行为零容忍。在反腐败这个问题上，法律的威严不在于惩处有多重，而在于违法必究。考察一些廉洁国家和地区的反腐败法律，几乎都规定了比较轻的刑罚，几乎都没有规定死刑。其有令必行、有禁必止的执行文化使公职人员严谨行事，不敢轻易越"雷池"半步。因此，要推进依法反腐，坚持法律和纪律面前人人平等，发现一起就查处一起，绝不姑息，让公职人员和普通人民群众内心拥护法律，自觉守法。

五、教育公职人员树立正确的价值观和财富观

加强价值观教育。在市场经济大潮的冲击下，人们容易倾向于用金钱来衡量人和事的价值，用等价交换原则来衡量一件事情值不值得做，导致社会价值体系扭曲。要加强对公职人员的价值观教育，突出公职的崇高性。作为公职人员，必须具备牺牲奉献精神，当个人利益和集体利益发生冲突的时候，必须识大体、顾大局，优先保障国家和人民的利益。对于公职人员做出的牺牲奉献，国家应当及时给予表彰，以精神上的荣誉作为回报，形成正向的激励机制，激发公职人员把服务国家和社会作为自己的人生理想。

加强财富观教育。升官发财两条道，"钱财不为子孙谋"。引导公职人员树立正确的财富观，理性看待财富，克服对财富永无止境的追求以及将财富传给子孙后代的观念。要培养公职人员高尚的生活趣味，形成更高层次的人生追求，超越低级的拜金主义和享乐主义。要规范和完善公职人员的收入标准和收入结构，坚决取消"隐性收入""灰色收入"，甚至"黑色收入"，同时也要保护公务人员合法的收入，不应以反腐的名义削减甚至取消公职人员正常的、正当的福利待遇。

六、积极传播正能量,营造健康向上的社会文化氛围

腐败是世界性难题,但并非不能治理。当前,我国反腐败形势依然严峻复杂,党和国家打击腐败的力度是空前的,腐败蔓延的势头正在逐步得到遏制。宣传部门要遵循传播规律,顺应信息技术发展大势,充分利用网络、手机等现代传播工具,大力宣传党和国家反腐倡廉方针政策、理念、措施和工作成果。通过正面宣传,让群众看到党和政府反腐败的坚定决心和显著成效,敢于同腐败现象做斗争。在曝光不正之风和贪腐案件,强化警示教育的同时,也要树立正面典型、传播正能量,向公众呈现公职人员队伍爱岗敬业、乐于奉献的一面,防止因为少数腐化分子的行为使整个干部队伍被"污名化"。通过向社会注入正能量,提高人们根治腐败的信心,巩固和扩大预防腐败的群众基础,形成健康向上的社会文化氛围,增强社会集体抵御腐败侵蚀的能力。

参考文献

[1] 马庆钰. 腐败的文化分析 [J]. 中国人民大学学报：社会科学版, 2002 (6).
[2] 胡伟. 腐败的文化透视——理论假说及对中国问题的探析 [J]. 浙江社会科学, 2006 (3).
[3] 席嘉. 亚文化视角中的腐败成因探析 [J]. 武汉大学学报：社会科学版, 2002 (2).
[4] 童中贤. 关于腐败问题的文化思考 [J]. 探索, 2002 (4).
[5] (瑞典) 冈纳. 缪尔达尔. 亚洲的戏剧：对一些国家贫困问题的研究 [M]. 谭力文, 张卫东, 译. 北京：首都经济贸易大学出版社, 2001.
[6] 费孝通. 乡土中国 [M]. 北京：北京大学出版社, 1998.
[7] 金耀基. 人际关系中人情之分析 [M] // 杨国枢. 中国人的心理. 北京：中国人民大学出版社, 2012.
[8] 黄光国. 人情与面子：中国人的权力游戏 [M] // 黄光国, 胡先缙. 人情与面子：中国人的权力游戏. 北京：中国人民大学出版社, 2010.
[9] 阎云翔. 礼物的流动———一个村庄中的互惠原则与社会网络 [M]. 李放春, 刘瑜, 译. 上海：上海人民出版社, 2000.
[10] 翟学伟. 人情、面子与权力的再生产：情理社会中的交换方式 [J]. 社会学研究, 2004 (5).
[11] 翟学伟. 报的运作方位 [J]. 社会学研究, 2007 (1).
[12] (美) 苏珊·罗斯·艾克曼. 腐败与政府 [M]. 王江, 程文浩, 译. 北京：新华出版社, 2000.
[13] (美) 塞缪尔·亨廷顿. 变化社会中的政治秩序 [M]. 北京：生活·读书·新知三联书店, 1989.
[14] 何增科. 政治之癌：发展中国家腐化问题研究 [M]. 北京：中央编译出版社, 1995.
[15] 赵传君. 对俄罗斯腐败问题的深层思考 [J]. 俄罗斯中亚东欧研究, 2012 (1).
[16] 杭行. 腐败现象的经济伦理学分析初探 [J]. 复旦学报：社会科学版, 2004 (2).
[17] 孙晓翔, 刘金源. 韩国现代化进程中的腐败问题 [J]. 东北亚论坛, 2010 (1).
[18] 刘纪新, 闵勤勤. 拉美国家的腐败问题与反腐败斗争评析 [J]. 拉丁美洲研究, 2006 (6).
[19] 蔡冬梅. 新加坡反腐经验对我国廉政建设的启示 [J]. 科学社会主义, 2000 (6).
[20] 姚登权. 论腐败的文化根源与合格的权力意志 [J]. 湖南师范大学社会科学学报, 2009 (5).
[21] 杨楹. 论政治制度伦理——从腐败谈起 [J]. 哲学研究, 2002 (10).
[22] 罗桂芬. 腐败行为与"相对剥夺感"——官员腐败的社会心理机制透视 [J]. 中国行政管理, 1997 (5).
[23] 王同起. 试论腐败产生的文化根源 [J]. 学习论坛, 2006 (9).

第五编

心理学视角

在心理学部分的研究中,首先,梳理与腐败行为相关的心理学理论;其次,在已有研究的基础上提出对腐败行为产生影响的主要可能心理因素;再次,提出对腐败行为可能产生影响的个体差异因素,并进行相关的实证研究;最后,从心理学的角度提出遏制腐败的几点建议。

第十九章　腐败行为的相关心理学解释

一、理性"经济人"的经典假设

经济学领域对于人性有一个经典的理论假设：人是理性的"经济人"。理性"经济人"意味着个体是理性的、自私的，他明白自己想要什么、不想要什么，会根据各种有意识的理性计算来决定自己的行为。从这个角度来说，人们决定是否做出不道德行为（例如贪腐）的原因取决于三个因素：一是预期收益的大小（例如更多金钱、更好的职位）；二是预期个人损失的可能性（例如被抓的可能性）；三是预期个人损失的大小（例如失去工作、牢狱之灾）。因此，从事不道德行为的外部奖励越高，风险越小，个人损失越小，人们就越容易做出不道德的行为；反之，当外部奖励越低，风险越大，个人损失越大，人们就越不愿意做出不道德的行为。在这样的想法支配下，人们会尝试通过增加不道德行为的风险（例如更强有力的监管）和损失（例如更严厉的惩罚）来控制不道德行为的产生。

二、非理性选择的"社会人"

然而，与这一经典的经济学假设形成鲜明对照的是，几十年来其他一些学科领域，包括心理学、社会学、人类学、行为经济学、神经科学，累积了众多的研究证据支持除了外部的奖惩因素（如上所述的经济利益得失），还有其他许多内部的因素对人们的决策过程起到了至关重要的作用，也就是说人们的决策过程并不像想象的那么"理性"。研究者在一些行为经济学的游戏中不断发现，人们除了关心自己的利益得失外，还会考虑涉及人与人之间交往的社会因素，例如公平、正义、互惠等。例如，在研究者经常使用到的一个叫作《最后通牒》（The Ultimatum Game）的游戏中，每两个参与者为一组，互不碰面地匿名参加游戏，他们被给予一定的金额（例如100元），要求他们自行分配这笔金额。参与者分别扮演两个不同的角色：分配者和接收者。分配者首先提出一个分配这笔金额的方案，从而决定这笔钱中有多少分给自己，又有多少分给对方（例如 70 元分给自己、30 元分给对方）。接收者需要决定是否接受这个分配方案：如果接受，就按照这个方案分配相应的钱数给双方；如果不接受，则双方都得不到任何钱。如果从理性决策的角度来说，分配者应该在分配方案中最大可能地偏向自己，使自己更多获利（比如分配给自己 99.9 元、分配给对方 0.1 元）。而接收者应该接受任何一个自己所得不为 0 的分配方案，因为如果拒绝将会使自己的所得为零。所以即使对方只分配给自己总金额的 1%（1 元），接收者也应该欣然接受。然而，在研究中只有极少数作为分配者的参与者分配给对方少于 20% 的金额，大多数人会选择公平分配游戏奖金（比如分配 50% 左右给对方）；而当分配方案中给自己的金额少于 20% 时，绝大多数接收者会断然拒绝该分配方案，即使这意味着自己将毫无收益。这些结果表明，人们在分配的过程中考虑的不仅仅是自己收益的最大化，还会考虑一些社会的效用（例如公平）以及对他人造成的后果。与此结果相一致，Gneezy 在研究中构造了一个参与者可以利用信息的不对称欺骗对方以获得更大利益的游戏，结果显示，人们会自私地为了最大化个人利益而不惜欺骗对方。人们在做出这样的决定时也会考虑自己的欺骗行为给对方造成的损失大小：当欺骗给对方造成的损失相对较小时，人们会做出更多的欺骗行为。

三、外部奖惩是否会影响不道德行为的实证研究

那么，不道德的行为究竟在多大程度上会受到外部奖惩的影响呢？美国麻省理工学院的研究者 Mazar，Amir 和 Ariely 用实验的方法，研究了不道德行为被发现的可能性和做出不道德行为的收益大小对人们做出欺骗行为的程度的影响。他们在研究中要求参与者在 15 分钟内完成一个数字运算的任务，要求找出每个 4×3（12 格）的数字矩阵中两个数相加和为 10 的数字，在规定时间内完成的矩阵数目越多，参与者得到的现金奖励就越多。他们首先通过设立 4 个不同的实验条件，系统性地操纵了参与者在完成任务的过程中能够虚报自己成绩的机会，并将每名参与者随机分配到其中一个条件中。在第一个条件中，参与者需要将试卷纸上的答案（既包含试题又包含自己的答案）誊写到答题卡上（只包含自己的答案），并将试卷纸和答题卡都提交给实验者。实验者审核试卷纸和答题卡上的答案后，根据其答案的成绩给予其相应的报酬。在这种情况下，参与者完全没有虚报自己成绩的可能（控制组）。在第二个条件中，实验者提供给参与者虚报自己成绩的机会：他谎称答题卡不够用，因此只把已经标有答案的答题卡交给参与者重复使用（用橡皮擦掉答案，但仍留有痕迹，

然后交给参与者誊写答案），完成后同样要将试卷纸和答题卡交给实验者审核。在这种情况下，参与者有机会虚报自己的成绩（依据答题卡上残留的答案痕迹修改自己的答案），但是有很大的风险会被实验者查出（实验者可以比对试卷纸和答题卡）（高风险欺骗组）。在第三个条件中，参与者在将答案誊写至答题卡上后，将答题卡上交给实验者，但试卷纸不用提交，由实验者审核后发给其相应的现金奖励。试卷纸将由参与者自行放入实验室的碎纸机碎掉（然而实验者事前在碎纸机上做过手脚，使得碎纸机无法碎掉纸张，但是会让参与者以为其可以碎掉纸张。这样可以保证实验者过后能够查验答题纸上答案与答题卡之间的出入），使参与者认为有可以虚报自己成绩的可乘之机（低风险欺骗组）。最后，在第四个条件中，参与者不仅可以用碎纸机碎掉试卷纸和答题纸，而且可以自行从钱罐中拿取相应的报酬，所以在这种条件下，参与者有机会虚报自己的成绩，而且几乎没有被发现的风险（无风险欺骗组）。

那么，在这几种情况下，参与者虚报自己成绩的程度会有差异吗？

按照理性"经济人"的假设，在四个条件下人们的欺骗程度（虚报成绩的程度）会逐渐升高，因为这几种情况下被发现的可能性逐渐在降低。然而研究结果发现，虽然第一个条件（既交答题卡又交试卷纸，控制组）下人们的虚报成绩的程度远低于后面三个条件，然而后三个条件（高风险欺骗组、低风险欺骗组、无风险欺骗组）之间人们虚报成绩的程度没有显著差异。也就是说，人们的表现并不符合像理性经济人假设的预期：随着被发现的可能性降低，人们欺骗的程度会增加。此外，研究者们在实验中系统性地改变欺骗带来的收益（比如每多答对一道题可获得 1 元、2 元、5 元、10 元），想考察是否收益的增加会促使欺骗行为的增加。结果发现，在这几种欺骗收益条件下，人们的欺骗行为并不随着收益的增加而增加。Mazar, Amir 和 Ariely 的这一研究表明，对于不道德行为来说，似乎外部奖惩因素的调节并不总能够起到作用。这似乎意味着影响个人从事不道德行为（当然腐败的行为包括在内）的因素要比仅仅是理性的成本—收益核算复杂得多。

四、不道德行为的自我概念保持理论

依据上述的实证研究，研究者们提出一个关于人们不道德行为的新的心理理论。在决定是否从事不道德行为的时候，人会面临两方面相互冲突的动机：一方面，保持自己正面、积极的自我概念或自我形象（Self concept/Self image），而诚实、道德是人们普遍看重的重要价值观，是积极自我概念中重要的一部分。因而，人们渴望认为自己是诚实的、道德的，并且极力排斥那些可能

让自己诚实、道德的积极自我形象受到破坏的因素。另一方面，人们又希望能够从不道德的行为中获得更多的收益。然而，这两方面相互冲突的动机如何调和呢？也就是说，如何能够做到既从不道德行为中获益，又同时保持自己诚实、道德的良好形象呢？这就要依靠人类特有的认知灵活性了。只要不道德的程度足够低（比如只是拿了办公室几支笔），就可以通过合理化自己的行为（比如只是借用一下办公室的笔，反正放在那里也没人用），做到既保持自己良好的形象（比如依然是一个诚实可靠的人），又获得了利益（比如省下了买几支笔的钱）。也就是说，只要不道德的行为维持在一定的程度之内，积极的自我形象就不会受到威胁，从而人们也不会意识到自己有了不道德的行为。

然而，如果超出了这个范围，这些不道德的行为就会对积极的自我形象产生威胁，被意识的"雷达"所检测到。这就可以解释为什么在上面提及的Mazar，Amir和Ariely的研究中，降低欺骗行为被发现的可能性，提高欺骗行为带来的收益，反而并没有带来欺骗行为的增加。那是因为在这种情况下，欺骗行为已经即将到达影响个人自我形象的上限，更多的欺骗行为会破坏对自己良好的认知，即使它会带来更多的物质利益。由此看来，外部奖惩大小与不道德行为程度之间的关系并不像理性经济人假设的呈现线性的关系，而更可能是一个阶梯状的关系。如图19-1b［图19-1a为在理性经济人的理论假设下不道德行为程度与外部收益（收益与成本之差）之间的关系］所示，在线段①所示的阶段，不道德行为程度是随着外部收益的增加而增加的，但是过了某一临界阈限后（图19-1b中虚线所示位置），外部收益的增加就不会使得人们的不道德行为随之增加（如线段②所示），此时人们会为了维持自己诚实、道德的自我概念而放弃对不道德行为产生的利益的追求。当然，当外部收益达到一定程度时，人们又会放弃自我概念保持，重新开始追求不道德行为带来的利益（如线段③所示）。腐败行为很有可能也一样，存在一个激活阈限，在这个激活阈限以下，人们可以很容易找到理由合理化自己的行为，会乐于从事腐败行为，因为它既可以为个人带来好处，又不会对个人积极的自我概念产生影响。因而，如果想要减少不道德行为（包括腐败行为），就需要探究哪些因素会影响上述的激活阈限。一方面，研究者需要知道哪些因素会使得激活阈限变大，以便控制这些因素，遏制腐败的行为；另一方面，研究者也需要知道哪些因素会缩小激活阈限，从而利用这些因素抑制腐败行为。

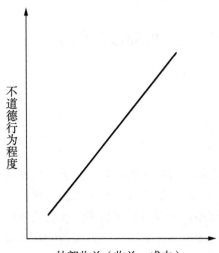
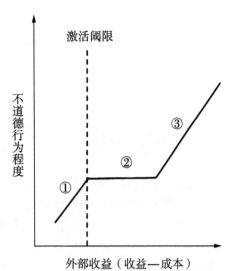

图 19-1a 在理性经济人的理论假设下不道德行为程度与外部收益（收益与成本之差）之间的关系

图 19-1b 在积极自我概念保持的假设下不道德行为程度与外部收益（收益与成本之差）之间的关系

资料来源：Mazar N, Amir O, Ariely D. Dishonesty in everyday life and Its policy implications. *Journal of Public Policy & Marketing*, 2006, 25 (1): 117-126.

第二十章　影响腐败行为的主要可能心理因素

一、自我合理化

人是一种具有认知灵活性的生物，当面临心理冲突的时候，会创造性地寻求一个冠冕堂皇的理由来合理化自己的行为，以缓解心理冲突带来的焦虑。同样，如前所述，当人们在决定是否从事不道德行为时也会面临不同动机之间的心理冲突：一方面，人们想要防止自己心目中诚实、善良、道德高尚的自我概念被破坏；另一方面，人们又想要从不道德的行为中获利。此时，人们决定是否从事不道德行为就取决于是否有畅通的路径能够合理化自己的行为。

杜克大学的研究者 Mckenzie 和 Ariely 研究了事件合理化的难易程度对人们欺骗行为的影响。① 他们在研究中询问了上千个高尔夫球的玩家如何玩高尔夫球，以及他们如何在打球时使诈。他们让玩家假想这样一种情景：假如球移动到离现在所在位置4英寸远的位置时对赢得比赛更为有利，你觉得一个高尔夫球玩家在以下三种情况下有多大可能会偷偷地移动这球的位置（假设其他人不会发现这样的行为）：①用球杆移动球；②用脚移动球；③用手拿起球然后放到4英寸远的位置。在这个问题的设计中，第一种情况和第二种情况显然比第三种情况更容易合理化（例如是无心为之），而研究者发现高尔夫球玩家确实认为相比于第三种情况，一名普通的高尔夫球玩家更可能做出前两种行为。此外，他们询问玩家们在哪种情况下，普通的玩家会偷偷做出加击的行为（加击是指如果击球者对某次击球实在不满意，取消这次击球的记录并且重新击球的行为，就像下棋"悔棋"一样。当然这种行为在正式比赛中是不被允许的）：①在打第一洞的时候；②在打第九洞的时候。结果表明，玩家们认为在第一种情况下，相比于第二种情况，普通玩家更有可能（44%相比于15%）做出偷偷加击的欺骗行为。其中的原因在于，在第一种情况下人们更容易合理

---

① 转引自 Ariely D. *The (honest) truth about dishonesty*. New York：HarperCollins，2012，pp.55-66.

化自己的加击行为，因为此时可以用"刚才一球自己并没有真正准备好，只是试球而已，而从现在（加击）开始才是我准备好开始正式比赛了"这样的理由说服自己；而在打第九洞时很难用这样的理由去说服自己了。这些研究结果表明，当一个人更容易合理化自己的不道德行为时，不道德行为就会增加。同样的，腐败行为的出现也与自我合理化的过程相关联。例如，广东省水利厅原厅长黄柏青曾在惠州市任副市长。据其交代，以为离开惠州后收受一些老同学和当地老板的"红包"、礼金没什么，反正已与他们脱离直接关系了。每次与老板吃饭，他都携带妻子参加，一有"红包"礼金递到眼前，他便以一句"这是妇女的事"，让妻子代为收纳，以为这是人情往来。有了这样的自我合理化保驾护航，他也就觉得心安理得了。

二、自控力与自控力耗竭

人在一生中需要不停地和自己的欲望做斗争：需要抵制高热量美食的吸引从而保持苗条身段，需要克制懒惰的情绪坚持锻炼从而保持健康，需要抗拒心仪商品的诱惑从而节省开支。抵制这些诱惑的能力越强，就越能实现更多的人生目标，从而在更大程度上改善生活。而当缺乏这种自控力时，人们常常难以完成既定目标，生活止步不前，幸福感下降，对人生丧失信心。这种抵制诱惑的能力在心理学上常被称作自控力（Self-control 或 Self-regulation），它包括抵制当前的诱惑以促使长期目标的实现以及控制冲动、情绪和某些想法的能力。大量研究表明，自控力对个人的行为以及生活有着非同寻常的影响力。美国宾夕法尼亚大学的 Angela Duckworth 博士和 Martin Seligman 博士的一项研究追踪了 8 年级的美国学生一年。他们的研究结果发现，那些自控力较高的学生在学校的综合表现更好：他们出勤率更高，学业成绩更好，更有可能上一个好的高中，而且自控力比 IQ 对学业成就的预测力更高。美国杜克大学的研究者 Terrie Moffitt 博士和同事在一项研究中分析了一项追踪了 1 000 位新西兰人从出生到 32 岁的健康项目中的数据。结果发现，在儿童时期表现出较高自控力的人在成人时身心会更健康，更少的药物滥用、违法行为，而且拥有更好的储蓄行为和金融信用。这些研究结果更强有力地支持了自控力的重要性，表明它甚至对人一生的发展都将会发挥着重要的作用。

另一方面，人们每天都需要多次施展自控力来抵制诱惑，而自控力可能像自己的肌肉一样，剧烈使用后就会疲劳。美国佛罗里达州立大学的 Baumeister 教授实验室的一系列研究表明，当人们的自控力被过度使用之后就会失效（就像肌肉被过度使用之后会疲劳，能量被过度使用会缺乏动力一样），从而使得人们更难以抵制诱惑。研究者称这种现象为自控力损耗。而自控力损耗的现象正好说明自控力的使用可能依赖于一种有限的能量,频繁地使用自控力会极大程度地消耗这种能量。

自控力与人们不理智和不道德的行为有密切的关系。①自控力下降会使人们更容易被他人说服。有研究发现自控力损耗后人们对信息倾向于接收而不是辩驳,因而更容易被说服;信息的说服力即使是有限的,仍然会被轻易接收,因而销售人员的"连续请求技术",如"登门槛技术"(Foot-in-the-door)和"门脸技术"(Door-in-the-face)在此种情况下也更容易奏效。②自控力降低还会导致个体出现冲动性消费。在一项研究中,研究者要求大学生对18种商品做出价格评估。结果发现,自控力损耗的大学生为商品给出的价格远远高于对照组正常状态下的大学生,是因为自控力的下降限制了个体控制消费冲动的能力,而导致他们愿意花更多的金钱购买商品。而且,自控力下降的情况下,个体也会更倾向于做出冒险的行为,尤其是当冒险行为的负面后果是未来才出现,而回报是即刻出现的时候。也就是说,自控力的下降会使人选择眼前的满足而不是考虑长远的收益。③自控力下降会使个体难以抵抗有吸引力的异性的吸引。实验要求所有实验参与者分别对40张魅力异性以及40张无魅力异性的图片做评估,要求参与者在忽视目前伴侣的前提下,考虑该图片上所呈现的异性是否能够作为自己的潜在配偶。结果发现,恋爱中的个体在自控力损耗的条件下,选择魅力异性的次数显著地高于正常状态下的恋爱中的个体,他们对魅力异性也表现出相对较高的关注度及兴趣。④当人们自控力下降时,一些不道德的行为也会更容易发生。一项研究表明,在自控力损耗的情况下,实验参与者更禁不住诱惑而欺骗实验者,以获得更多的实验报酬。另一项研究表明,在自控力降低的情况下,一个组织中的领导者会做出诸如通过伪造发票而获取更多收入,将公司的机密文件透露给无关人员等有损组织与下属利益的行为。

而上述行为简直就是一些典型的腐败行为的剖面图:容易被行贿的个人和组织说服,在金钱和美色等诱惑面前失去抵抗力,而且进一步对这些诱惑更为渴望,并在他人的教唆以及这些诱惑的驱使之下铤而走险地屡屡做出违法乱纪的行为。因而,本研究认为,自控力的高低是个体腐败行为强有力的预测,自控力低的个体更难以抵制诱惑,从而做出腐败的行为。此外,每天高强度的脑力工作会消耗人们用于自控的资源。比如,研究者研究了以色列的假释裁定,发现一天中第一个案子和午餐后的第一个案子的当事人最容易获得假释。原因就在于对于假释官来说,他们的默认判决是不给予假释,当他们精力充沛的时候(比如早晨和饭后能量补给之后),他们就能够调用更多的认知资源来打破自己的默认选择;而当他们精力耗竭的时候,就只有屈服于自己的默认选择了。因此，对于每天需要做出各种重要决定的国家公职人员，他们每天高强度的脑力活动导致认知资源消耗极大，也更容易出现自控力损耗。因而，在一天辛苦的工作之后，也会是他们自控力最低的时候，也最容易屈服于各种诱惑。

三、他人的社会影响

人是社会性动物，行为除了受到个体动机的影响外，还会受到社会动机的影响，不道德的行为也一样。一方面，不道德的行为会"传染"，当看到其他人做出不道德的行为时，人们也会更有可能做出类似不道德的行为。Gino，Ayal 和 Ariely 在研究中设置了一名实验同盟者，他装作是和其他参与者一起参与实验的普通大学生参与者。他在实验中表现出以不可能的速度（几分钟内）迅速完成了实验任务，并向实验者领取了实验报酬，即向其他参与者发出信号：有人通过欺骗的手段领取了更多的实验报酬。研究者发现，相比于没有这个欺骗榜样的实验条件，有欺骗榜样的实验条件下，人们为了实验报酬而虚报自己成绩的程度也更高。而当这名欺骗的榜样与其他参与者是同所高校的学生时，人们欺骗的程度也更高。从而说明，不道德的行为具有"传染性"，而且当"传染源"是同群体的成员时，其"传染性"更高。另一方面，人们也会为了他人的得失而欺骗。研究者们考察了合作对欺骗行为的影响。研究中，他们让两名互相不认识的实验参与者随机组成一个组，完成实验后，将根据以小组为单位在任务中的表现分配实验报酬。结果在这种情况下，相比于参与者单独参与实验，人们在小组的条件下欺骗得更多。在腐败的案例中，不乏团体式腐败的案例，而且多以亲属关系形成的团体居多。比如，广东省财政厅原副厅长危金峰腐败案中，就形成了亲情捆绑利益下的家族式腐败。危金峰的妻子、岳母、兄弟、妻妹等近亲属全部涉案，打造了一个以危金峰为"轴心"，以其妻子为"操盘手"，以不法商人为"对象"，以其岳母、哥哥和姨妹等为赃款接收者的立体腐败"网络"。又如，广州市花都区原区委书记潘某也是在为妻子及岳父母疯狂敛财的过程中迷失了自我。潘某妻子和岳母生活极度奢华，入住七星级酒店、包奔驰车出行，一次迪拜之行就花费 17 万元人民币。而潘某的秘书在此期间主动担起了为潘的岳母报销旅游花费的"美差"，使她们的奢侈要求变本加厉。

四、个体差异因素

除了前面提到的各种情景性因素，本研究将在下一章中运用实证研究的方法进一步探究与腐败行为有关联的个体差异因素。

第二十一章 影响腐败行为个体差异的广东实证研究

一、研究背景

有统计数据显示：绝大多数构成贪污或者受贿的犯罪分子，他们的贪污、受贿行为都并非一次、两次，也都并非仅仅在一年期间作案。在这些典型、重大犯罪案例中，大都数次甚至数十次进行贪污犯罪活动或者大肆收受贿赂。许多人犯罪时间长达数年，个别人员甚至长达 10 多年。例如广东省政府原副秘书长、省打私办原主任罗欧，从 1995 年至 2014 年近 20 年间，多次利用职务上的便利，为私企老板牟取利益，收受贿赂和"红包"、礼金共计人民币 10 114.8 万元、港币 1 559 万元。从发生的腐败案件中，研究者发现一种共通的现象，即腐败对有的官员来说形成了一种"瘾"，如同毒瘾、烟瘾、网瘾一样欲罢不能、难以戒除。正如因涉嫌受贿被检察机关立案查处的安徽省宿州市市区信用合作联社原党委书记、理事长王海峰反省道："腐败是毒素，一旦沾上是很难清除的。"腐败，从本质上来说，和毒品、香烟、酒精等物质一样诱惑着我们的欲望。而是否腐败，对于个体而言，可能很大程度上取决于该个体在多大程度上能够抵制这种诱惑。因此，研究者在本章试图从个体抵御诱惑的能力和个体差异的角度出发，来研究如何构筑反腐败的心理防线。

首先，大量的心理学研究表明，人们早期（特别是童年）的生活经历会极大程度地影响成年后的性格与行为。其中，最为有名的精神分析的创始人弗洛伊德就认为，童年经历会影响道德价值观的形成。因此，本研究还将探讨职务犯罪人员早期生活经历对其腐败行为的影响。其次，人们有很多途径可以获得幸福，比如亲密关系、工作成就感、宗教信仰等等，而有物质主义倾向的人常常需要通过获得财物来获得幸福感。而以往的研究表明人们的物质主义倾向可以预测人们对金钱的态度，人们物质主义的程度越高，对金钱的需求越强，愈发有金钱匮乏的感觉，而且愈倾向于将拥有和使用金钱作为一种自我增强（Self-aggrandizement）的手段。因此，本研究还计划考察物质主义倾向对腐败行为的影响。最后，钱多并不一定可以衡量人们的幸福感，但是钱是否比其他人多却可以非常稳定地衡量人们的幸福感。"比他人更好"常常是触发人们很多行为的主要动机。而社会比较也可能是很多官员从事腐败行为的最初动机：他们常常有很强烈的"攀比心理"。中共揭阳市原市委书记陈弘平认为私企老板都是在他的帮助下才能赚那么多钱的，接受他们的"回报""进贡"是理所当然的。中共茂名市委原常委、常务副市长杨光亮就非常羡慕并追求私企老板的生活，他外出时总喜欢把自己打扮成大老板，以致他两个情妇都以为他是企业老板。因此，本研究将考察社会比较以及主观社会关系地位与腐败行为之间的关系。

二、研究方法

本部分主要研究可能影响腐败行为产生的个体心理因素。该部分主要采用定量研究的方法，即通过心理学测验的方法来确定对腐败行为存在影响的心理变量。

1. 研究对象

150 名来自广东省内监狱的服刑人员参与了本次问卷调查研究。回收有效问卷 146 份，回收率为 97.3%。调查对象来源广泛，涉及入狱前各级各类的工作单位及职位级别：其中行政机关 114 名，国企 16 名，事业单位 8 名，村居 7 名（1 名参与者未填写此项）；村居及两委干部级干部 7 人，股级及科员级干部 1 人，乡科级干部 45 人，县处级干部 78 人，地厅级干部 15 人。此外，调查对象在人口统计学变量上分布均匀：男性 135 名，女性 11 名；31～40 岁的 8 人，41～50 岁的 45 人，51～60 岁的 71 人，61～70 岁的 22 人；初中及高中教育程度的 6 人，大专及本科教育程度的 117 人，拥有研究生学历的 23 人；中共党员 139 名，民主党派 5 名，群众 1 名（1 名参与者未填写此项）。

另有 55 名来自政府职能部门的在职工作人员作为对照参与了本次问卷调查研究。有效回收的问卷有 51 份，回收率为 92.7%。调查对象在职业级别及各人口统计学变量上分布广泛：科级以下 4 人，科级干部 17 人，处级干部 17 人，处级以上干部 6 人（7 名参与者未填写此项）；男性 39 名，女性 10 名（2 名参与者未填写此项）；30 岁及以下的 4 人，31～40 岁的 26 人，41～50 岁的 15 人，51～60 岁的 4 人（2 名参与者未填写此项）；大专及本科教育程度的 32 人，拥有研究生学历的 16 人（3 名参与者未填写此项）；中共党员 43 名，民主党派 1 名，群众 1 名（6 名参与者未填写此项）。

2. 测量工具

问卷测量主要针对几个方面展开：个人价值观倾向（包括物质主义、社会比较倾向、道德基础、马基雅维利倾向、人际信任)，主观社会经济地位（包括社会关系地位、社会经济地位），贪腐行为及人口统计学测量。前面两方面的测量作为预测变量，想了解其中哪些个体价值观差异、主观社会经济地位差异及其交互作用对贪腐行为产生影响。各测量工具的详细描述如下。

物质主义价值观量表。心理学家 Richins 和 Dawson 认为物质主义是一种价值观，并编制了 18 个条目的"物质主义价值观量表"（Material Values Scale，简称"MVS"）。MVS 把物质主义区分为三个维度：中心（Centrality）——获取钱财是个人生活的中心，如获取物质财富是生命中最重要的成就之一；幸福（Happiness）——获得财富是幸福的源泉，只有拥有财富才能获得幸福，如如果我可以买得起更多的东西，我会更幸福；成功（Success）——以拥有财物的数量和质量来评价自己和他人的成功，如一个人拥有的物质在很大程度上可以说明他有多么成功。物质主义价值观总量表的内部一致性系数为 0.85，中心、幸福、成功三个分量表的内部一致性系数分别为 0.73、0.75、0.77，并且其被大量研究证明具有很高的内部一致性信度，是目前使用最多的测量物质主义的量表。我们在本研究中采用的即为"物质主义价值观量表"的中文翻译版，总量表共有 18 个条目，分为中心（7 个条目）、幸福（5 个条目）、成功（6 个条目）三个分量表。问卷采用"5 点李克特量表"。

社会比较倾向量表。采用荷兰学者 Buunk 和美国学者 Gibbons 联合编制的"爱荷华-荷兰比较倾向量表"（INCOM）来测量人们进行社会比较的倾向，该量表包含有 11 个条目。该量表测量的是社会比较的个体差异，即不同类型的个体社会比较倾向不同。量表得分高的人会更倾向于将发生在别人身上的事情联系到自己身上，并且对与自己身处相似环境下的人的想法和行为更感兴趣。该量表包含两个维度：能力社会比较和观念社会比较。其中，能力社会比较包含 7 个条目，如我常常将自己和他人在生活中成就的事情进行比较。观念社会比较包含 4 个条目，如我总是想知道在相似的情形下别人会怎么做。分量表与总量表的内部一致性信度系数在 0.7～0.8 之间。本研究中采用社会比较倾向量表"爱荷华-荷兰比较倾向量表"（INCOM）中文版，共 11 个条目，分为能力社会比较（7 个条目）、观念社会比较（4 个条目）两个分量表。问卷采用"5 点李克特量表"。

道德基础量表。乔纳森·海特（Jonathan Haidt）等人综合了进化心理学、文化心理学和认知神经科学等领域的研究成果，提出了道德基础理论。他们认为，道德由五个不同的基础部分组成，每个部分拥有自己独特的进化根源、相应的情绪和适用的情景。这五个部分包括：①伤害/关爱：进化中个体最重要的不是生存，而是保证自己的基因得以延续，因此，需要保护和照顾自己的后代及亲属。这种进化的需要使得人类会关注和努力减少与自己有共同基因的个体的痛苦。其进化结果是人类形成了仁爱之心和同情心，并憎恶残忍和侵犯。②互惠/公平：进化中个体在与非亲属合作时，对合作成果被掠夺的担忧形成了惩罚欺骗者的普遍社会规范，随之产生了一系列的道德情绪如愤怒、内疚等。无论是观察还是参与互惠活动的人，都能感受到这些情绪的存在。③内群体：个体在与两人以上的非亲属群体合作时，对群体合作成果被掠夺的担忧使得个体对背叛和欺骗群体的个体保持高度警惕，同时也承诺自己会忠实于群体。忠诚、爱国和英雄主义等情感都是以内群体为基础而形成的美德观。④等级/权威：在具有等级结构的群体中，统治阶级享有某些特权，但同时他们也担任着保护群体内部成员的责任。因此，进化使得个体能辨识身份和地位的标记，一方面对在等级结构中比自己地位高的人表现出尊重和顺从，另一方面对在等级结构中比自己地位低的人提供保护和制约。⑤神圣/纯洁：人类在进化过程中，形成了对疾病和致病菌的厌恶感。对患有疾病（尤其是携带传染性疾病）的个体及群体产生了厌恶感，并形成了躲避"不干净"的个体的动机。在某些文化里，"不干净"的人是由宗教信仰来定义的，如色欲者、暴食者、贪婪者被认为是不纯的、品质败坏的人；而那些灵魂能够主宰和控制躯体的人，则是贞洁的、虔诚的，并被看作精神上升华了的、有道德的人。基于此，Graham 等人编制了"道德基础量表"来测量道德基础理论中的五个方面，来考察人们在做道德判断的过程中对每个方面的倚重程度：伤害（4个条目），如当我看见一个男人打一个女人时，我会十分愤怒；公平（4个条目），如若一个朋友想要在排长队时插到我前面，我会感到很不舒服，因为这对排在我后面的人很不公平；内群体（4个条目），如当选择亲密朋友或结婚对象时，人们只考虑那些与自己同种族或同宗教信仰的人，这也是无可厚非的；权威（4个条目），如若我是一个士兵，即使我不同意我长官的意见，我也会服从他，因为服从是我的天职；纯洁（4个条目），如即使没有任何人受到伤害，我们也不应该去做背叛别人的事情。在本研究中采用的是该量表的中文翻译版本，一共20个条目，采用"7点李克特量表"评分。

马基雅维利主义人格量表。马基雅维利是意大利政治家和历史学家，以主张为达目的可以不择手段而著称于世，马基雅维利主义（Machiavellianism）也因之成为权术和谋略的代名词。Christie 和 Geis 编制了"马基雅维利主义人格量表"，简称"马氏量表"（Mach Scale）。该量表用于考察受试者与他人相处的一般策略以及受试者对他人能否被操纵的评价。马氏量表得分高反映了信任的一种误区，即认为可以通过技巧来影响和改变他人。该量表中得分高者，对他人信任度低，却往往能即兴发挥并取得成功，因为他们能够较多地操纵别人、说服别人；而得分低者，对他人信任度高，这类人则过分关注不重要的细节问题，表示马基雅维利主义信仰程度越高。"马氏量表Ⅳ"的内部一致性系数平均为0.7～0.8之间，已被广泛运用于人格心理学、社会心理学和进化心理学研究。本研究采用的是马氏量表的中文翻译版，总共有20个条目。问卷采用"5点李克特量表"。

Rotter人际信任量表。目前对于人际信任的研究采用最多的就是由美国心理学者Rotter 1976年编制的"人际信任量表"（Interpersonal Trust Scale，简称"ITS"）。该量表用来测量个体对他人的行为、承诺或陈述（口头和书面）是否可靠的工具。量表中共有25个项目（另有15个填充项目），其内容涉及众多处境下的人际信任，同时涉及不同的社会角色（包括父母、推销员、政治人物、一般人群及新闻媒体等），大多数项目与社会角色的可信赖性相关，也有一些项目与对未来社会的乐观程度相关。该量表主要包含两个维度：一是特殊信任维度，即个体与同伴或者家庭成员间的信任，如做父母的对孩子说要做的事情往往是肯定会做到的；另一个是普遍信任因子，即个体与其无直接关系者之间的信任，如"在这个充满竞争的时代里，一个人必须保持警惕，否则很容易上当受骗（反向计分）"。本研究采用的是"Rotter人际信任量表"的中文翻译版，总共有25个条目。问卷采用"5点李克特量表"。

主观社会关系地位。社会关系地位是指个人知觉到的其直接接触的社会成员（包括邻居、同事、同学等）对其尊重和喜爱程度。Anderson等人的近期研究结果表明社会关系地位相比于社会经济地位能够更好地预测人们的主观幸福感和当前的情绪体验。主观社会关系地位的测量包括5个条目，询问作答者对一些描述的主观看法。例如，在他人眼里，我十分受人尊敬，其他人都很佩服我。本研究采用的是"主观社会关系地位量表"的中文翻译版，一共5个条目，采用"7点李克特量表"。

主观社会经济地位。不少研究表明，家庭经济收入、职业和受教育程度是社会经济地位的良好客观指标。但是由于研究对象的特殊性，可能无法较为准确地报告其家庭经济收入数据，而职业和受教育程度在本研究对象样本中又较为同质，因此本研究采用使对象报告主观社会经济地位的方法，要求参与者分别报告按照社会地位及经济地位来划分，其在位时及14岁时其家庭在一幅从1（最底层）到10（最高层）的阶梯示意图中所处的位置（见图21-1），并分别用其在位时的主观社会地位（经济地位）的得分减去其14岁时的主观社会地位（经济地位）的得分，以得到主观社会地位（主观经济地位）的差距得分。

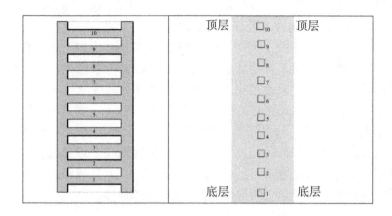

图 21-1　主观社会地位（经济地位）测量示意

贪腐行为及人口统计学测量。对参与本研究的服刑人员要求其教管员代为填写贪腐行为的测量：包括贪腐行为类型，涉及金额数量及其量刑情况。随后所有的研究参与者都要求填写性别、年龄、教育程度、政治面貌、在位职务级别等人口统计学变量。

3. 问卷测量流程

所有的问卷测量采用纸笔测验的形式，要求研究参与者以不记名的形式一次性回答问卷中的所有问题。参与者单独完成问卷，并要求其尽快地依据个人真实情况作答，避免思虑过多。对于在押服刑的参与者，要求其回忆并根据其在位时心理状态填写问卷，而在职的参与者要求其根据其现在的心理状态填写问卷。参与者依次完成物质主义价值观、社会比较倾向、道德基础、"马基雅维利主义量表""Rotter 人际信任量表"、主观社会关系地位、主观社会经济地位、贪腐行为及人口统计学测量几个部分。整个问卷填写过程耗时 40～60 分钟。

三、数据分析

主要从两个方面着手进行数据分析：①比较研究样本中存在贪腐行为的公职人员（在押服刑人员）与不存在贪腐行为的公职人员（在职机关干部）在上述心理测量指标上的差异，以期描摹贪腐公职人员的核心心理特征。主要采用单因素多因素的方差分析（ANOVA）。②在存在贪腐行为的公职人员内部进行比较，考察可以预测其贪腐行为程度（贪腐行为涉及金额、量刑情况）的心理变量。在此部分主要采用多元线性回归模型（Multiple Linear Regression）。

1. 贪腐公职人员与清廉公职人员的比较

运用单因素方差分析（One-Way）比较研究样本中存在与不存在贪腐行为的公职人员在物质主义、社会比较倾向、主观社会关系地位、马基雅维利倾向、人际信任、主观社会地位上的差异。两者在物质主义 $[F(1, 195) = 4.185, P = 0.042]$，主观社会关系地位 $[F(1, 195) = 61.762, P < 0.001]$，马基雅维利倾向 $[F(1, 195) = 75.121, P < 0.001]$，人际信任 $[F(1, 195) = 61.409, P < 0.001]$ 上差异显著，且贪腐组在上述变量上的得分均高于清廉组。但在社会比较倾向上两者差异不显著 $[F(1, 195) = 0.138, P = 0.710]$。两组别在各变量上的均值及标准差见表 21-1。

表 21-1 两组别在各变量上的均值及标准差

变量名	组别	均值	标准差
物质主义	贪腐	77.00	14.28
	清廉	72.37	12.85
社会比较	贪腐	3.04	0.62
	清廉	3.00	0.59
主观社会地位	贪腐	24.74	5.36
	清廉	17.69	5.94
马基雅维利	贪腐	66.57	6.55
	清廉	57.47	6.15
人际信任	贪腐	88.26	7.10
	清廉	78.59	8.82

运用重复测量方差分析（Repeated Measureata Data ANOVA）分析两组在道德基础不同领域上的差异。被试类型的主效应显著 $[F(1, 195) = 8.080, P = 0.005]$，被试类型与道德基础领域的交互作用显著 $[F(3.391, 661.168) = 33.232, P < 0.001]$。简单效应分析表明，两组在内群和权威领域上差异显著，且贪腐组均高于清廉组；在公平领域上差异显著，清廉组高于贪腐组；而在其他领域上差异不显著。（见图 21-2）

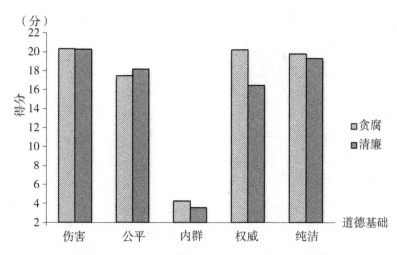

图21-2 两组在道德基础五个领域上的得分差异

本研究按照参与者在职时的职位级别将其分为低职位组(科级及以下)和高职位组(处级及以上),分析职位级别与被试类型(贪腐/清廉)在各变量上的交互作用。结果表明,两者只在主观社会关系地位和人际信任两个变量上存在交互作用 [$F(1, 190) = 7.960$, $P = 0.005$; $F(1, 190) = 5.178$, $P = 0.024$]。对于贪腐组,高职位组的主观社会关系显著地高于低职位组($P < 0.001$),人际信任没有显著差异($P = 0.523$)。而对于清廉组,其主观社会关系地位在高低职位组之间没有显著差异($P = 0.321$),而高职位组的人际信任显著地高于低职位组($P = 0.025$)。(见图21-3、图21-4)

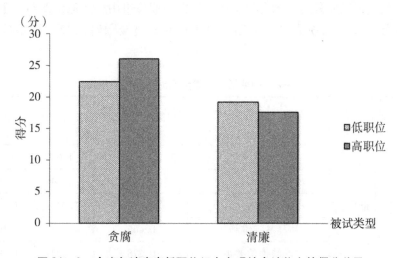

图21-3 贪腐与清廉高低职位组在主观社会地位上的得分差异

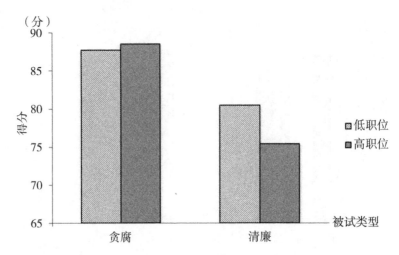

图 21-4 贪腐与清廉高低职位组在人际信任上的得分差异

2. 贪腐行为的预测模型

本研究用多元线性回归模型（Multiple Linear Regression）来建立各变量对贪腐行为程度的预测模型。本研究将分别采用贪腐金额和量刑情况作为因变量，其他心理变量作为自变量。此外，由于在上一步的分析中发现，职位级别与被试类型存在交互作用，本研究将分别对高职位组（处级及以上）以及低职位组（科级及以下）建立回归方程。变量采用 Backward 的方式纳入回归方程。

因变量为贪腐金额时：①在低职位组中经济地位差距、马基雅维利倾向、伤害、权威可以显著地预测贪腐金额；②在高职位组中经济地位差距、主观社会地位可以显著地预测贪腐金额。因变量为贪腐金额时回归方程系数见表 21-2。

表 21-2 因变量为贪腐金额时回归方程系数

因变量		变量名	标准化回归系数 Beta	t	Sig.
贪腐金额	低职位	截距项	—	-1.607	0.115
		伤害	-0.410	-2.844	0.007
		权威	0.275	1.931	0.059
		马基雅维利	0.466	4.321	0.000
		经济地位差距	0.278	2.597	0.012

续表 21-2

因变量		变量名	标准化回归系数 Beta	t	Sig.
贪腐金额	高职位	截距项	—	-1.838	0.069
		主观社会地位	0.271	2.762	0.007
		经济地位差距	0.271	2.763	0.007

当因变量为量刑情况时：①在低职位组中经济地位差距、马基雅维利倾向可以显著地预测量刑情况；②在高职位组中经济地位差距、主观社会地位可以显著地预测量刑情况。因变量为量刑情况时回归方程系数见表 21-3。

表 21-3 因变量为量刑情况时回归方程系数

因变量		变量名	标准化回归系数 Beta	t	Sig.
量刑情况	低职位	截距项	—	-1.768	0.083
		马基雅维利	0.448	3.807	0.000
		经济地位差距	0.301	2.555	0.010
	高职位	截距项	—	1.644	0.104
		主观社会地位	0.244	2.467	0.016
		经济地位差距	0.275	2.775	0.007

四、讨论

在比较研究样本中存在与不存在贪腐行为的公职人员后发现，两者在物质主义、主观社会关系地位、马基雅维利倾向、人际信任上存在显著差异，表现为腐败的公职人员相比于清廉的公职人员有更多的物质主义价值倾向、更高的主观社会关系地位，更倾向于为了达到目的而策略性地操纵他人，对他人的人际信任也更少。在道德判断上，贪腐干部比清廉干部更看重内群利益和服从权威。此外，本研究发现不同级别的公职人员在主观社会关系地位和人际信任上存在差异：对于贪腐干部，随着级别的升高，其主观社会关系地位也在升高；而对于清廉干部，其主观社会关系地位并未随着其公职级别的升高而发生变化，而随着其职位升高，反而表现出对他人更高的人际信任。

在对贪腐公职人员的分析中，本研究发现马基雅维利倾向、经济地位差距、主观社会地位等几个变量可以稳定地预测贪腐行为，即表现为马基雅维利的倾向越强，经济地位的差距越大，主观社会地位越高的个体涉及的贪腐金额就越大。此外，本研究还发现对于不同公职级别的贪腐干部，预测其贪腐程度的指标存在差异：对于较低级别的贪腐干部（科级及以下），经济地位差距、马基雅维利倾向、伤害、权威领域的道德判断可以预测其贪腐程度；而对于较高级别的贪腐干部（处级及以上），经济地位差距、主观社会地位可以预测其贪腐程度。

以下将分别对这些主要结果及其意义进行分析和讨论。

1. 物质主义与贪腐行为

不论是认为物质主义是一种潜在的人格特质还是一种价值观倾向，研究物质主义的学者们都倾向于认为，物质主义是赋予物质财富在生活中较高地位的一种状态。以往的一些研究表明，高物质主义者倾向于把物质看得比其他任何事物都重要，不仅对物质财富等有着较强的获取和占有的欲望，而且也不愿意与他人分享自己的物质物品，对拥有他所没有的财物的个体则充满了嫉妒和愤恨。物质主义不管对个人生活还是社会生活都可能存在长期的负面影响：在个人生活层面，物质主义与自尊、幸福感、生活满意感呈负相关，与生理和心理疾病呈正相关，物质主义还可能导致功能紊乱的消费行为，比如强迫性购买。物质主义倾向可能会为其带来物质上的过度消费，造成财务上的困境，甚至可能会为了拥有某种物质而采取不正当的手段。在社会生活层面，物质主义使人们减少与家人相处的愿望和时间，导致人际关系恶化，减少人们对社会问题的关心和参与，导致更少的慈善捐赠，引起过度消费破坏生态环境、颠覆传统的宗教价值观、破坏公民的责任感，还可能导致偏见和种族主义。

本研究结果与前人的研究发现一致，即贪腐的公职人员比清廉的公职人员物质主义倾向更强。导致物质主义与腐败之间产生关系可能是因为个体物质主义的程度越高，对金钱的需求越强，愈发有金钱匮乏的感觉，而且愈倾向于将获取金钱作为一种自我增强的手段。前人的研究结果支持这样的假设。例如，Christopher等人研究发现，当控制社会支持以后，物质主义与积极/消极情绪之间的关系就消失了，说明缺少社会支持可能是物质主义与低水平幸福感相联系的原因。有的研究者认为，物质主义者的幸福感相对较低是由于他们过分关心自我表现，即关注自己给他人留下好的印象及避免他人的负面评价。他们的研究发现，当对负面评价的害怕或社会身份被控制时，物质主义与积极情感和消极情感的关系就消失了。本研究的研究数据同样间接支持这样的结论。比如，在研究中发现对于低级别（科级及以下）的贪腐公职人员中，物质主义倾向得分与主观社会关系地位之间有显著的正相关。而在较高级别（处级及以上）的贪腐公职人员中，物质主义倾向与主观社会关系地位之间不存在显著的相关。这说明对于社会地位相对较低而物质主义倾向较高的公职人员，他们倾向于通过金钱来为自己获取自尊，带来高社会地位的感觉。因此，本研究结果提示，物质主义倾向的程度可以作为筛选可能腐败的公职人员的一项心理指标。

2. 主观社会关系地位与贪腐行为

社会关系地位是指个人知觉到的其直接接触的社会成员（如邻居、同事、同学等）对其尊重和喜爱程度。Anderson，Kraus，Galinsky 和 Keltner 的近期研究结果表明，社会关系地位相比于社会经济地位能够更好地预测人们的主观幸福感和当前的情绪体验。社会关系地位之所以能够比社会经济地位更好地预测人们的幸福程度和情绪感受，一个可能的原因是因为它的定义是更为局部的，它直接涉及人们在日常生活中常常面对面交际的群体（如同事、邻居、朋友），而不是更为宏观的指标（如社会经济地位的指标）。正像罗素所说的，乞丐们通常不会嫉妒那些百万富翁，但是他们会嫉妒那些比自己更成功的乞丐。此外，主观社会关系地位还涉及一系列与主观幸福感相关联的心理与社会过程，因为主观社会关系地位涉及评价同辈对其喜爱与尊重，是个人的社会接纳程度、权力感的重要组成部分。

尽管 Anderson 等人的研究表明主观社会关系地位与个人生活的积极方面——体验到的主观幸福感有关，但是我们认为，主观社会关系地位同样可能和腐败行为等消极的社会生活行为有关。研究结果符合我们的这一预期：腐败公职人员相比于清廉的公职人员有更高的主观社会关系地位；对于贪腐干部，随着公职级别的升高，其主观社会关系地位也在升高；对于清廉干部，其主观社会关系地位并未随其公职级别的升高而发生变化。顾名思义，主观社会关系地位是个人的主观感受，而不一定与客观情况相一致，它同时还反映了人们对其社会关系地位的追求与重视。因此，腐败官员尤其是级别较高的腐败官员相比于其同级别的官员尤其看重别人眼中的自己，从而更有可能通过不合理地运用权力的方式来提升自己感受到的社会地位。这一结论也在我们对贪腐行为的回归分析中得到印证，对于较低级别的贪腐干部（科级及以下），经济地位差距可以预测其贪腐程度；而对于较高级别的贪腐干部（处级及以上），除了经济地位差距之外，主观社会地位也同时可以预测其贪腐程度。

3. 马基雅维利倾向、人际信任与贪腐行为

前人的研究表明，马基雅维利主义信仰者对人持有普遍的负面评价，他们工具性地对待他人，视操纵他人为达到个人目标的手段。达到个人目标比遵守

道德规则更重要，即使他们认同这些规则。马基雅维利主义信仰者的冷静是通过在关系中缺乏情感投入和移情来体现的。也由此，马基雅维利主义信仰者能够充分控制情景以集中于目标，不会因为同伴的出现或自身情绪而分心。在其同伴更关注关系和道德因素、在实现个人抱负方面显示更少警惕和决心的情景中，马基雅维利主义信仰者缺乏良心上的不安和只关心个人目标实现的特征对其有利。Pilchi 发现马基雅维利主义信仰者典型地把负面意图归因于他人，并不期望他人的合作。他们从一开始就假定他人会利用自己，如果他们自己未能这样做的话。因此，不难解释本研究发现的腐败的公职人员相比于清廉的公职人员有更高的马基雅维利倾向，且马基雅维利倾向越强，其贪腐程度就越高。此外，马基雅维利倾向与人际信任之间有显著的高相关（$r = 608$, $P < 0.001$），表现为马基雅维利倾向越高，人际信任越低，这说明马基雅维利倾向是对个人社会支持网络的有力破坏因素。前文提到物质主义倾向可能导致个体为了拥有某种物质而采取不正当的手段，对他人造成不良的影响（Richins, 1994），同时使人们减少与家人和社会交互的时间和质量，说明物质主义与马基雅维利倾向存在千丝万缕的联系。本研究的数据支持这样的结论，物质主义与马基雅维利倾向有显著的中等程度相关（$r = 407$, $P < 0.001$），说明物质主义可能是导致人们在工作与生活中过多使用操纵他人的策略，从而为自己获得更多的资源，并进一步导致个人对他人的人际信任降低，破坏个人的社会支持系统，对于贪腐官员来说尤其如此。

4. 道德基础与贪腐行为

如前所述，乔纳森·海特等人提出道德主要由五个相互独立的部分组成，包括：伤害/关爱——人们的仁爱之心和同情心以及憎恶残忍和侵犯；互惠/公平——人们在合作中关注公平的社会规范，以及对欺骗的愤怒、内疚等一系列的道德情绪；内群体——人们对群体成员的忠诚，及厌恶对群体成员的欺骗与背叛；等级/权威——在具有等级结构的组织中，对等级结构中比自己地位高的人表现出尊重和顺从，对比自己地位低的人提供保护和制约；神圣/纯洁——躲避"不干净"的个体的动机，对"不洁"或"不自然"的个体与行为的厌恶。这五个部分是人们进行道德判断和道德决策的基础。也就是说，人们在判断一件事件在道德上是否正确时，无外乎是从这五个方面来形成判断。此外，不同的群体和不同的文化下人们对这些道德基础的倚重程度也有所不同。比如 Graham 等人的研究比较了美国公民中政治上的自由派和保守派在道德判断时所倚重的道德基础。结果发现：自由派人士更看重伤害/关爱以及公平/互惠这两个道德基础，保守派人士同样看重上述五个道德基础。本研究同样发现，贪腐官员和清廉官员做道德判断时对五个道德领域的倚重程度表现出一个显著的差异：

贪腐干部比清廉干部更看重内群利益和服从权威。正如前所述：内群利益与权威部分强调个体服从与维护群体的利益，在道德判断上更看重这方面的个体可能表现为个体从众性更高，从而行为与认知更可能受到周围环境的影响。而腐败行为很多情况下是受到周围其他人的影响，如所谓的群体腐败。

五、总结

本研究结果表明：

（1）物质主义、马基雅维利倾向、人际信任、道德基础中的内群体与权威部分、主观社会关系地位、主观经济地位差距可以作为预测政府公职人员腐败行为的有效心理变量。在此基础上可以研究如何开发相应的腐败行为预警指标，并应用到相关岗位的选拔、任用的人事流程中。

（2）心理变量与腐败行为之间的关系可能表现为如下的作用机制：①早期成长环境中社会经济地位等因素可能诱发个体的高物质主义倾向，从而导致其在日常工作与生活中高马基雅维利倾向，以及较低的人际信任。马基雅维利式的处事原则与人际信任的降低会大大削弱个体的社会支持网络，从而进一步加强个体的物质主义倾向。②主观社会关系地位较低（对于较低等级的公职人员）或主观社会关系地位与主观经济地位之间的不平衡（对于较高等级的公职人员）也是促使贪腐行为产生的一个主要动机。③对于内群体和等级/权威的重视同样会通过群体压力滋生腐败行为。该作用机制如图21-5所示。

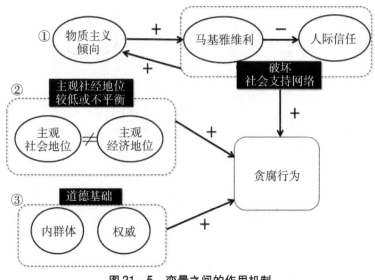

图21-5 变量之间的作用机制

近年来的一些心理学研究和理论表明，金钱与社会支持是人们抵御心理与生理疼痛的两个主要的缓冲器，也是人们获得幸福感的主要心理资源。而金钱与社会支持这两个机制相辅相成、互相补充，呈彼消此长的关系。也就是说，当人们过度使用金钱资源作为缓冲器的时候会削弱社会支持的资源，而反过来更多依赖社会支持资源会降低人们对金钱的依赖。上述腐败心理机制模型，展现的就是人们对物质资源依赖造成的后果，扭转这一局面的最好办法就是加强人们的社会支持网络系统。在未来的研究中，计划从这一角度展开，研究改变人们的社会支持网络是否可以有效地遏制腐败的行为，并在此基础上研究行之有效的心理干预手段和流程。

第二十二章　抑制腐败行为的心理学建议

基于以上的分析与探讨，我们从心理学角度对抑制腐败行为提出五点建议。

一、减少自我合理化过程的可乘之机

如前所述，对不道德行为合理化的难易程度会影响人们从事不道德行为的程度：当不道德的行为越容易被人们合理化时，人们就越容易从事不道德的行为；反之，当不道德的行为越难以合理化时，不道德的行为也会随之减少。这是因为合理化的过程，可以帮助人们在不威胁积极自我概念的基础上，同时获得不道德行为带来的收益。一个增加合理化难度的可能措施就是减少规则的弹性。弹性的制度与行为规则给予人们更大的解释空间。因此，需要有尽量细化的行为准则明确哪些行为可行、哪些行为不可行。

另外，我们需要寻找与合理化事件相关的个体差异特征，也就是说什么样的人更容易对行为做出灵活的解释，从而更可能合理化自己的行为。Gino 和 Ariely 的研究表明，创造力（但不是智商）与不道德行为有着紧密的联系，创造力越高的人在机会允许的情况下越容易做出不道德的行为。原因就在于高创造力的人拥有更高的认知灵活性，而认知灵活性则是合理化事件的重要基础（可以对事件做出灵活的解释）。这提示我们，一方面，需要对高创造力的个体予以更多的注意；另一方面，需要对更多强调创造性工作的相关部门单位制定更为明确的行为准则与规范制度。

二、提高自控力水平，减少自控力损耗

自控力是抵御各种诱惑的一道心理防线，同时个体自控力的高低也是不道德行为的重要预测指标。一方面，心理学的研究表明自控力如"肌肉"一般，可以通过"锻炼"而变强。日常生活中有规律的体育锻炼、有节制的饮食习

惯、有效率的时间管理都可以帮助我们"锻炼"自控力。另一方面，自控力的过度使用会导致"肌肉"的疲劳，造成自控力损耗。为了避免自控力的损耗可以适当减少公务人员的工作负荷（尤其是脑力工作相关的工作负荷）。另外，提供机会恢复自控力。比如，适当延长午休的时间；在办公环境中储备可以及时补充葡萄糖的食品（比如糖果、巧克力等，研究表明，补充葡萄糖有助于恢复自控力）；在办公环境中提供运动的设备、场所。

三、防止腐败的"传染"

如前所述，心理学的研究表明，不道德的行为具有"传染性"。一方面，我们需要及时切断腐败的"传染源"，即需要尽早发现群体内的腐败行为并予以及时的惩戒；另一方面，正如 Gino，Ayal 和 Ariely 等人的研究发现，内群成员（如同一个单位、部门、办公室）的不道德行为可能增加内群其他成员的不道德行为，而外群成员（如不同单位、部门、办公室）的不道德行为却可以减少其他成员的不道德行为。这一发现，提示我们在进行廉政宣传教育的过程中，应避免过多使用内群成员作为反面事例（例如同一单位、部门成员的腐败实例），因为这样反而成为不道德行为榜样，进而增加不道德行为的发生；反之，应增加内群成员作为正面事例（例如廉政典型）以及增加外群成员作为反面事例（例如其他单位、部门成员的腐败案例）。此外，应加强公务人员身边人员（包括其主要亲属）的廉政教育，实行公务人员异地调任、轮换岗位的制度，以杜绝其陷入复杂的人情关系网络以及导致利益团体的形成。

四、加强社会监控的机制

许多心理学的研究发现在墙上贴上眼睛的图案（见图 22-1）可以强有力地抑制人们的不道德行为，此时人们会更加遵守规定。原因在于眼睛提供了他人在注视（即社会监控）的线索，社会监控的状态会激活人们的道德意识。一方面，这提示我们可以在办公的公共空间处添加眼睛图案（如贴在墙面处，尤其是可以配合廉政宣传的标语），从而时时激活人们的道德意识。另一方面，加强监督制约机制，尤其是增强自下而上的监管，即来自群众与大众媒体的监管。重视互联网和新媒体，畅通民意沟通监管的渠道。这样做，同样起到时时使公务人员处于社会监控的心理状态，激活其道德意识，增强其维护积极自我概念的动机。

图 22-1 Bateson，Nettle & Roberts 2006 的研究中所使用的其中一种眼睛图案

五、完善人事筛选流程

第二十一章的实证研究表明物质主义、马基雅维利倾向、人际信任、道德基础中的内群体与权威部分、主观社会关系地位、主观经济地位差距等个体差异变量可以作为预测政府公职人员腐败行为的有效心理变量。因此，在此研究结果的基础上，可以研究如何开发相应的腐败行为预警指标，并应用到相关岗位的选拔、任用的人事流程中。此外，除了公务人员本身的个体心理特征，公务人员的主要社会支持网络（其主要亲属）的个体心理特征也应纳入人事筛选的流程之中。

参考文献

[1] Gneezy U. Deception: The role of consequences [J]. The American Economic Review, 2005, 95 (1): 384-394.

[2] Mazar N, Amir O, Ariely D. The dishonesty of honest people: a theory of self-concept maintenance [J]. Journal of Marketing Research, 2008, 45 (6): 633-644.

[3] Ariely D. The (honest) truth about dishonesty [M]. New York: HarperCollins, 2012.

[4] Mazar N, Ariely D. Dishonesty in everyday life and its policy implications [J]. Journal of Public Policy & Marketing, 2006, 25 (1): 117-126.

[5] Duckworth A L, Seligman M E. Self-discipline outdoes IQ in predicting academic performance of adolescents [J]. Psychological Science, 2005, 16 (12): 939-944.

[6] Baumeister R F, Tierney J. Willpower: rediscovering the greatest human strength [M]. Penguin, 2011.

[7] Gino F, Ayal S, Ariely D. Contagion and differentiation in unethical behavior the effect of one bad apple on the barrel [J]. Psychological Science, 2009, 20 (3): 393-398.

[8] 李静, 郭永玉. 物质主义及其相关研究 [J]. 心理科学进展, 2008 (4): 637-643.

[9] 李原. 物质主义价值观与幸福感和人际信任的关系研究 [J]. 华中师范大学学报: 人文社会科学版, 2014 (6): 175-180.

[10] 胡传鹏. 情绪与认知在不同道德领域道德判断中的作用——以伤害和纯洁领域为例 [D]. 湖北: 湖北大学, 2012.

[11] 郭远兵, 黄朝云, 郭小安. 马基雅维利主义人格量表的信、效度分析 [J]. 宁波大学学报: 教育科学版, 2012 (4): 68-70.

[12] 冀军. 人际信任与家庭收入、职业特征间关系的实证研究——基于成都市大样本社会调查 [D]. 成都: 西南交通大学, 2012.

[13] Graham J, Haidt J, Nosek B A. Liberals and conservatives rely on different sets of moral foundations [J]. Journal of Personality and Social Psychology, 2009, 96 (5): 1029-1046.

[14] Graham J, Nosek B A, Haidt J, et al. Mapping the moral domain [J]. Journal of Personality and Social Psychology, 2011, 101 (2): 366-385.

[15] Christopher A N, Kuo S V, Abraham K M, et al. Materialism and affective well-being: The role of social support [J]. Personality and Individual Differences, 2004, 37 (3): 463-470.

[16] Anderson C, Kraus M W, Galinsky A D, et al. The local-ladder effect social status and subjective well-being [J]. Psychological Science, 2012, 23 (7): 764-771.

[17] Gino F, Ariely D. The dark side of creativity: original thinkers can be more dishonest [J]. Journal of Personality and Social Psychology, 2012, 102 (3): 445-459.

[18] Bateson M, Nettle D, Roberts G. Cues of being watched enhance cooperation in a real-world setting [J]. Biology Letters, 2006, 2 (3): 412-414.